標十二之宏綱。坦幽途而顯實。
今即相還源。融神妙寂。
開情煥理。故號為門。

以存壞無礙。二理不雜。不墮邊故。不失中道。是謂二諦中道也

十二門論宗致義記

其中所明，則有無兼暢，事無不盡，理無不備，故名十二門論

（唐）法藏法師◎著述

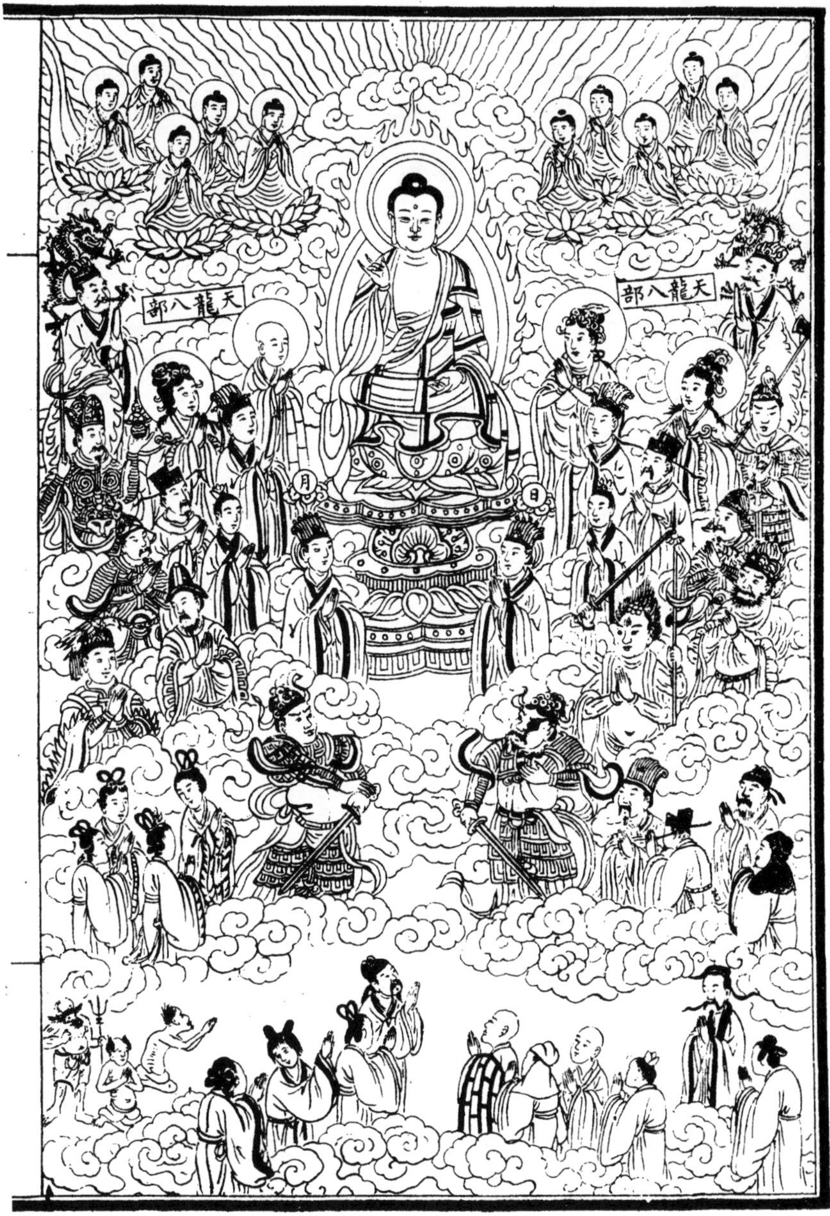
天龍八部
天龍八部
月
日

文殊
富樓那

十二門論序

姚秦釋僧叡述

十二門論者。蓋是實相之折中。道場之要軌也。十二者。總眾枝之大數也。門者。開通無滯之稱也。論之者。欲以窮其源盡其理也。若一理之不盡。則眾異紛然。有惑趣之乖。一源之不窮。則眾塗扶疏。有殊致之跡。殊致之不夷。乖趣之不泯。大士之憂也。是以龍樹菩薩開出者之由路。作十二門以正之。正之以十二。則有無兼暢。事無不盡。事盡於有無。則忘功於造化。理極於虛位。則喪我於二際。然則喪我在乎落筌。筌忘存乎遺寄筌我兼忘始可以幾乎實矣幾乎實矣則虛實兩冥得失無際冥而無際則能忘造次於兩玄泯顛沛於一致整歸駕於道場畢趣心於佛地愜愜焉眞可謂運虛刃於無間奏希聲於宇內濟弱喪於玄津出有無於域外者矣遇哉後之學者夷路既坦幽關既開眞得振和鸞於北冥馳白牛以南迴悟大覺於夢境卽百化以安歸夫如是者焉復知曜靈之方盛玄陸之未晞也哉敝以鄙倍之淺識猶敢用明誠虛闕希懷宗極庶日用之有宜冀歲計之能殖況才之美者乎不勝景仰之至敢以鈍辭短思序而申

之并目品義題之於首豈其能益也庶以此心開疾進之路耳。

品目

觀因緣門第一 萬法所因似各有性推而會之實自無性通達無滯故謂之門

觀有果無果門第二 重推無性之法爲先有而生爲先無而生有無無生以之爲門。

觀緣門第三 上推因此推緣四緣廣略皆無有果故以爲門。

觀相門第四 上三門推因緣無生此推三相三相既無以之爲門。

觀有相無相門第五 此推三相之實爲有相而相爲無相而相有無無相故以爲門。

觀一異門第六　卽推有相無相爲在一法爲在異法。不一不異以之爲門。

觀有無門第七　上推三相非相。此明四相亦非。生住爲有。變異爲無。同處不有。異處亦無。故以爲門。

觀性門第八　既知有無。又推其性。變易無常。從緣而有。則非性也。故以爲門。

觀因果門第九　無性之法。既無因果。變異處推求則無得理。故以爲門。

觀作者門第十　無因無果。則爲無作。四處既無。以之爲門。

觀三時門第十一　既推無作。必盡其因。故一尋三時無作而以爲門。

觀生門第十二　作爲有造。生爲有起。時中既無。誰爲生者。卽以爲門。

十二門論宗致義記卷第一

龍樹菩薩造論

姚秦三藏法師鳩摩羅什譯

唐京西大原寺沙門法藏記

夫以玄綱絕待。眞俗所以俱融。素範超情。空有以玆雙泯。但以性空未嘗不有。卽有以辨於空。幻有未始不空。卽空以明於有。有空有故不有。空有空故不空。邊執旣亡。聞見隨喪。竭邪源之有寄。則四執雲銷。挺正法之無虧。則二諦斯在。是故如來在世。曜般若於昏衢。上品之流。契玄津於累外。大師沒後。異執紛綸。或趣邪途。或犇小徑。於是九十五種。競扇邪風。一十八部。爭揮爝火。遂使眞空慧日。匿耀昏雲。般若玄珠。惑茲魚目。爰有大士。厥稱龍猛。位登極喜。應兆金言。慨此頹綱。悼斯淪溺。將欲然正法炬。覆邪見幢。故使製作繁多。溢於天竺。然則要妙之述。此論爲先。標十二之宏綱。坦幽途而顯實。令卽相還源。融神妙寂。開情煥理。故號爲門。往復折徵。復稱爲論。門有十二。因以爲名。餘義下當別釋。

將釋此論。略作十門。一明教起所因。二藏部所攝。

三顯教分齊。四教所被機。五能詮教體。六所詮宗趣。七造論時代。八傳譯緣起。九釋論題目。十隨文解釋。

△第一教起所因者。略有十因造此等論。一爲是論主本願力故。以此龍樹住於初地。理應以誓願力。於佛滅後宏法攝生。是其所作。況論主見楞伽等經。佛旣記我當來然正法炬。滅邪見幢。是故理應廣造諸論。以扶嘉唱。二爲佛滅後。外道競興。邪說紛綸。訕謗佛法。爲破彼等。令歸正故。三爲諸二乘不信於大。破彼異執。令向大故。四爲於大乘謬解

眞空。滯於情執。令彼破情。見正理故。五爲顯示大乘眞實究竟。令彼信受。不疑惑故。六爲欲略顯大乘般若眞空最爲要妙。依之方得成萬行故。七爲欲解釋大乘經中深妙之義。令顯現故。八爲令一類依論解釋得開悟者。因此而得入正法故。九爲欲於佛滅後。助佛揚化。護大乘法令久住故。十爲以美辭妙頌。廣宣流布此大乘法。成法供養。報佛恩故。

△第二藏部攝者。聲聞菩薩二藏之中。菩薩藏攝。修多羅等三藏之內。對法藏收。十二部中。論議經攝。

問。既非佛說。何得然耶。答。由二義故。一由是彼類。是故彼攝。二但諸佛說法有其三種。一佛自說。二加他說。三懸許說。此論則當懸許之類。以入楞伽經及摩耶經中。佛記龍樹然正法炬。故知懸記許可說也。是故亦入至教量收。達磨藏攝。

△第三定教分齊者。此方南北諸師。異說紛紜。無勞敘記。且辨西國諸德所傳。親問大原寺翻經中天竺三藏法師地婆訶羅唐言日照。說云。近代中天竺那爛陀寺。同時有二大德論師。一名戒賢。一名智光。並神解超倫。聲高五印。六師稽顙。異部歸依。

大乘學人。仰之如日月。天竺獨步。軌範成規。遂各守一宗。互為矛盾。謂戒賢則遠承彌勒無著。近踵護法難陀。依深密等經。瑜伽等論。明法相大乘。廣分名數。用三教開宗。顯自所依為真了義。謂佛初鹿苑轉於四諦小乘法輪。雖說人空。翻諸外道。然於緣生。定說實有。第二時中。雖依徧計所執。而說諸法自性皆空。翻彼小乘。然於依他圓成。猶未說有。第三時中。就大乘正理具說三性三無性等。方為盡理。是故於因緣生法。初時唯說有。則墮有邊。次說於空。則墮空邊。既各墮邊。俱非了義。後時具說所執性空。餘二為有。契會中道。方為了義。是故依此所說。判般若等經多說空宗。是第二教攝。非為了義。此依解深密經判也。二智光論師遠承文殊龍樹。近稟青目清辨。依般若等經中觀等論。顯無相大乘。廣辨眞空。亦以三教開宗。顯自所依眞為了義。謂佛初鹿苑。為諸小根轉於四諦小乘法輪。說心境俱有。次於第二時。為中根說法相大乘。境空心有。則唯識義等。以根猶劣故。未能全入平等眞空。故作是說。於第三時。方為上根。說此無相大乘。顯心境俱空。平等一味。為眞了義。又初則為破外道自性等。故說因緣生法。決定是有。次則爲破小乘實有。說此緣生。但是假有。以恐彼怖畏此眞空故。猶存有而接引之。第三方就究竟大乘。說此緣生卽是性空平等一相。此亦是入法之漸次也。則依此說。判法相大乘有所得等。爲第二教。非了義也。此三教次第。智光法師般若燈論釋中引大乘妙智經所說。是故依此教理。般若等經。是眞了義。餘法相名數。是方便說耳。問。如前二師所說。何得何失。答。若以機會教。二說俱得。以各依聖教爲定量故。何者。謂此二說三教次第。俱不可以三時前後定限而取。何以知之。如密迹力士經說。佛初鹿苑。轉四諦法輪。無量衆生得初果二果。乃至阿羅漢果。無量衆生發菩提心。無量菩薩得無生法忍。住初地二地等乃至廣說。大品經中亦同此說。是故不可定說前後。但知如來施設教則了不了義。有其二門。一約攝機寬狹。言教具闕。以明了不了。二約攝機入法。顯理增微。以明了不了。初是戒賢所得。何者。謂如解深密經中。初於鹿苑。唯爲發趣聲聞乘者。以四諦相轉正法輪等。第二時唯爲發趣修大乘者。依一切法皆無自性。乃至以隱密相轉正法輪第三時普為發趣一切乘者依一切法皆無自性乃至無自性性以顯了相轉正法輪解云准此經文初則唯攝聲聞次則唯攝菩薩攝機狹故名非了義後具攝小大故云普為發趣一切乘者說也又初唯說小教次唯大乘此二言教各互闕故名非了後具說二教用攝二機此則教具故名了義非是理有淺深又准此文亦不可定判般若等為第二時教以大品經云若人欲得須陀洹果者當學般若波羅蜜乃至欲得阿羅漢果及無上菩提等皆云當學般若波羅蜜故知般

若經等。亦具攝大小。亦是普爲發趣一切乘者說。智論亦云。此摩訶衍中具攝菩薩聲聞二衆故也。解云。旣具二諦。俱攝兩機。豈得定判爲第二教。是故若定判般若。則違此所引。若定執前後。則違力士經文。是故但約攝機有寬狹。言教有具闕。判此三教有了不了者。理教無違也。二約攝機入法顯理增微門者。智光所承立也。謂初說心境俱有。不達性空。次顯境空心有。已顯一分性空。後心境俱空。平等具顯。方爲了義。又於緣生。初說實有。次說似有。後方說空。此文並是入法有漸次。顯理有增微。以明三教了不了義。若定執前後。定判經文。亦有違害。准可知耳。又戒賢約教判。以教具為了義。智光約理判。以理玄為了義。是故二說。所據各異。分齊顯然。優劣淺深。於斯可見。

△第四教所被機者。於大乘中自分兩教。若依大乘始教。一切眾生。五性差別。於中但是菩薩種性及不定性。是此所為。餘非正為。兼為無違。以此論宗同諸般若。兼益二乘及人天故。若依大乘終教。則一切眾生。皆此所為。以近說五性雖有差別。遠論皆當得菩提故。以悉有心皆有佛性。佛性論中。約

謗大乘人。於無量時。不能發心等。故說名無佛性。非謂究竟無清淨性。以皆得無上菩提故。依寶性論無上依經等。設令二乘入寂已後。受變易身。受佛教化。向大菩提。是故依前始教。約五性不同說三乘差別。依此終教。約並有佛性。悉當得佛。是故依此說唯一乘。此論宗意通前二說。准可知耳。

△第五辨能詮教體者。以名句文。及所依聲。而爲自性。或說五法爲性。一名。二句。三唱。四字。五聲。然通論此體總有四重。一約事具假實二法。如上辨。二約實。以假歸實。唯以聲爲性。三約似。謂唯識所現

似聲等爲性。四約性。謂此聲等卽空無性。無名無聲無無名。無無聲。爲自性。謂離性之性也。

△第六所詮宗趣者。謂語之所表曰宗。宗之所歸曰趣。則以十二種門破執爲宗。顯理成行入法爲趣。謂迴二乘等。令入大乘。是其意也。總說雖然。於中分別略作四門。一汎明立破儀軌。二別揀此中所破。三總申三論義意。四會諸異說。初汎明經論立破儀軌者。佛法大綱有其二種。一爲上品純機直示教義。不立不破。二爲中下雜機方便顯示。有立有破。佛在世時。多明初義。兼明後義。如諸經中所

辨。佛滅度後。多明後義。兼明初義。如諸論中所辨。
就此有立破中。略以三句顯其分齊。一明破。二明
立。三雙辨無礙。初者。聖以大悲。假諸言論。破除見
執。務袪其病。言無定准。今約相有五。一譏徵破。謂
如佛破長爪梵志云。汝若一切不受。亦受此不受
不。如此等是已熟之根。故生愧得果也。二隨宜破。
謂如佛見彼衆生根宜。若以此勢而得入法。則當
以彼而破其計。令其悟道。未必要具諸量理例。此
爲上根。少生於前。待佛多言。方爲信伏。如破先尼
外道等。此上二種約破外道。若約破二乘。如法華

等中。汝等所得涅槃非眞滅度等則爲破也。如破三歸一等。亦是準之。三隨執破。謂如龍樹聖天等所造三論。對彼外道及小乘等。隨其所執。以種種理。則徵破其計。務令執心無寄。順入眞空。則爲成益。[illegible]必要具三支五分比量道理。以根猶勝。易受入故。不假勢也。四標量破。謂如龍樹所造方便心論及迴諍論。世親所造如實論等。並各略標世間因明三支五分比量道理。校量破計。要顯正法。而亦不存此比量法。是故論中後自破之。此所爲根稍劣於前。故用功多也。五定量破。謂如陳那所造

因明等論。清辯所造般若燈論。及掌珍論等。並依
決擇宗因喩等定量道理。出他宗過無違失者。方
可得爲是眞能破。若於宗等不善出過。名似能破。
不成破也。此所對根。最下劣故。執見深重。難受入
故。廣以世間五明之中因明理例。校量是非。方始
信伏。若至此位。猶不信伏。彼愚之甚。不可言故。更
不至第六門也。第二立義者。法本離言。機緣罕悟。
聖悲巧引。務令被益。致使隨緣立義。勢變多端。大
略而言。亦有其五。一 應機立。如涅槃中外道見佛
金色身等。而言瞿曇雖是好人。枉理說空。而是斷

見佛。則告言。我不言空。一切衆生有佛性故。有常樂我淨等。聞已入法。後悟道迹。而實文中佛性名第一義空。如是等。楞伽中爲恐怖空者。說如來藏有三十二相等。文意亦同。具如經說。二斥破立。謂此龍樹於三論等中隨破彼執盡滅之處。心無寄故。眞空便顯。則爲是立。謂無立立也。三隨時立。謂如聖天菩薩。於一時中有外道論議。便立二蘊。以對擔人爲證義故。如人兩肩有荷擔故。義已極成。後於大衆之中。便立五蘊。其本外道則問。若爾。何故先立二耶。答前爲對擔人。更無智者。今對智衆方具足說。如是等。四翻邪立。謂如聖天菩薩。對八方外道。立三寶義。若有見屈。當斬首謝。眾敵雖攻。而義理無墮。遂令外道歸信入法。此等所立。未必有三支五分比量道理。但以勝辯隨時顯說。令義堅固。使其信伏。亦言無所在故也。五定量立。謂要依彼世間因明。於宗因喻無諸過類。義理極成。名眞能立。若於宗等有過墮者。名似能立。不成立也。又如以八種比量道理。證大乘經眞是佛語等。是故當知如上所說立破等義。並悉方便。務令前機歸伏生信。未必得具佛法深旨。且如眞如無同法喻。故不得立者。豈可眞如爲非法也。是故要當離此立破之諍論等。方爲順實究竟義也。第三立破無礙者。以情執非理。當體卽空。致使無破之破。破卽無破。若執有破。還同所破。是故非破。今旣非所破。是故以無破爲破。則能所俱絕。心無所寄。爲究竟破。取意思之。勿著於言。又以法旣超情。何容得立。約情假立。立卽無立。若能了此立卽無立。無立之立。爲究竟立。若如言取立。則是情計。非所立故。則無立也。是故情中亦無立。以非是法故。情外亦無立。以無緣對故。但可會情入法。立卽無立。無立卽立。取意思之。其致可見。是謂立破紛然未曾有說。伏機入法。何嘗對敵。又以遣情無不契理。故破無不立。立法無不銷情。故立無不破。是以破卽立。故無破。立卽破。故無立。無立無破。不礙立破。是故立破。一而恒二。二而常一。有不礙空。空不礙有。是謂立破無礙大意也。第二定其所破者。有師說云。此三論宗。但破小乘及外道等偏計所執實我實法。不破大乘依他起性。以是幻有非過失故。若此亦破。則是斷滅惡取空攝。非正法故。有說三論一切皆破。設使大乘瑜伽等論所立依他。此中亦破。

以諸緣生。無不空故。若此不破。見不亡故。理非盡故。問。如此二說。有和會不。答。有師說不可和會。亦不須強會。以此則是大乘之中諸部不同。致有違諍。如小乘中諸羅漢等。異部不通。菩薩異部。當知亦爾。故不可怪。良以佛法極甚深故。通其異諍。各有教理。義自極成。故不可會。今更重釋。無不可會。以理自通故。何者。謂若不破依他幻有令至不有。彼徧計執不永盡故。以此幻有是不有有故。若不受不有。卽是所執。是故破執欲令蕩盡。必至幻有不有之際。要破幻有令其永盡。方至所執不有之際。是故二說義不相違。又彼小乘是半字教。理義不盡。容有異諍。大乘滿教。義理周備。豈亦同彼。而有分部。又諸羅漢。不得諸法一味法界。法執相應。起見造論。故有相違。如入地菩薩。通達諸法中道實相。豈亦同彼執見相違。是故龍猛及無著等諸大論主不相違者。是良證也。第三總申宗意者。通辨三論。總以二諦中道爲宗趣。今釋此義。略作三門。一示義理。二約成觀。三顯德用。初門內復作三義。一約依他起性。明二諦中道。二約餘二性。三通約三性。初義者。謂諸法起。無不從緣。從緣有故必無自性。由無自性。所以從緣。緣有性無。更無二法。但約緣有萬差。名爲俗諦。約無性一味。名爲眞諦。是故於一緣起。二理不雜。名爲二諦。緣起無二。雙離兩邊。名爲中道。總說如是。若更別釋。略作三門。一約開合。二約一異。三約有無。初中先開後合。開者。於一緣起。開爲二義。一緣起幻有義。二無性眞空義。初義中亦二義。一非有義。謂舉體全空。無所有故。二非不有義。謂不待壞彼差別相故。大品云。諸法無所有。如是有。是故非有非不有。名爲幻有。二眞空中亦二義。一非空義。謂以空無空相故。二非不空義。謂餘一切相無不盡故。是故非空非不空。名爲眞空。經云。空不空不可得名爲眞空。中論云。無性法亦無。一切法空故。合者。此有五重。一謂彼非有則是非不有。以此無二。爲幻有故。是故莊嚴論云。無體非無體。非無體卽體。無體體無二。是故說是幻。此文意以無體爲幻體。故說無二也。由此無二不墮一邊。故名中道。此是俗諦中道。二眞中非空。則是非不空。以此無二爲眞空。雙離二邊。名爲中道。此是眞諦中道。三幻中非有則眞中非不空義。幻中非不有則是眞中非空義。以並無二故。由此無二與前無二復無二故。是故二諦俱融。不墮一邊名爲中道。此是二諦中道。四幻中非有與眞中非空。融無二故。名爲中道。此是非有非空之中道。經云。非有非無名爲中道。五幻中非不有。則是眞中非不空。此非非有非非無之中道。謂絕中之中也。是故二諦鎔融。妙絕中邊。是其意也。二約一異門者有四句。一不異義者。以若不緣生。不無性故。謂緣有者。顯不自有。不自有者。則是無性。又無自性者。顯非自有。非自有者。則是緣有。是故經云。色卽是空。空卽是色。論云。智障極盲闇。謂眞俗別執。此之謂也。亦不得以性空故而不許緣生。
以無緣生。空不立故。論云。有爲法空。以從緣生故。
又此是眞空。非斷空故。若待滅緣生方爲空者。是
則情中惡取空也。又亦不得許緣有故違害眞空。
以若不空。非是緣有。自若有者。非緣生故。又不異
有之空。方爲眞空。不異空之有。方是幻有。是故此
二不二。故無異也。經云。色色空爲二。色卽是空。非
色滅空。色性自空。於其中而通達者。是爲入不二
法門。又大品云。非以空色。故名色空。但以色卽是
空。空卽是色。又大般若經三百八十九云。善現。以

因緣不異本性空。本性空不異因緣。因緣卽本性空。本性空卽因緣。又云。善現。以從緣所生諸法不異本性空。本性空不異從緣所生諸法。從緣所生諸法卽本性空。本性空卽從緣所生諸法。如是等文。明此不異門也。問。若爾應壞二諦。以因果卽空故。失幻有壞俗諦。空卽因果故。失眞空壞眞諦。答正由不異。二諦得存。若不爾者。則失二諦。何者。謂異空之因果非幻法故。失於俗諦。異因果之空。非眞空故。失於眞諦。是故二諦得存。由於不異。不異則是中道平等。是則由中道而有二諦。則是中道二諦也。二不一門者。此緣起法由性空故令彼幻有亦不得有。是故一切唯是眞空。經云。諸法畢竟空無有毫末相。空無有分別。同若如虛空。又經云。一切法空。如劫盡燒等。大般若云。色等空故空中無色。如是等。依彼幻有非有之門。及依眞空非不空門。說彼眞空。永害幻有。是故遂令俗相永盡而爲眞諦。又此緣起法。由幻有相故。令彼眞空亦成不空。唯是緣起幻有差別。是故楞伽云。非遮滅復生。相續因緣起等。又攝論瑜伽等中明依他起法永不是無等。如是並依眞空非空門。及依幻有非不有門。說彼緣有，永非是空。永非空故，方為俗諦。如是二諦，極相形奪，方成本性。如瓔珞云：世諦有。故不空。真諦空，故不有。此等皆依非一門辨。問：若據前門，以真空滅幻有，令不有者，此則斷滅俗諦，壞業果故，是惡取空。又此性空既由幻有。若令幻有亦不有者，幻有無故，依何得立彼性空宗。是則亦失自真空義。又前非異門中，明不壞幻有。此門復壞，豈不二說自相違耶。又若據後義，以有奪空，令空不空者，此則實有，非是幻有，乖真空故，是情執有。又此緣有，既由性空。若此亦無，緣有亦壞。則失緣有義。又前非異門中明不損眞空。此門復壞。
豈不相違。答。釋此諸難。明眞俗空有與奪存壞。有
二門四句。一唯眞空有四義。一由此空故。不壞緣
有。以性若有者。非從緣有故。二由是空故。壞盡緣
有。以空必害緣有故。有若不盡。非眞空故。三由空
故。亦壞眞空。以此性空。旣由緣有。緣有存故。則無
眞空。無眞空者。由眞空也。四由空故。不壞眞空。以
壞於緣有。盡彼空相。方是眞空故。二唯幻有亦有
四義。一由緣有故。不害性空。以從緣之有。必是性
空。定無性故。二由緣有故。必乖性空。以緣有不無

故。三由緣有故。則壞緣有。以從緣之有。必是性空。性空現故。必害緣有。害緣有者。由緣有也。四由緣有故。不壞緣有。以從緣之有。必害空盡。有方爲緣有也。非是無故。如是緣有性空。或相奪全盡。或相與全存。或自壞自存。無有障礙。是故若就相與門則不壞有之空。與彼不壞空之有。理不雜故。是非一門也。二若就相奪門。則此壞有之空。與盡空之有全奪。故非一也。三若就各自存門。則不相是故非一也。四若就各自壞門。則無一可一。故非一也。以存壞無礙。二理不雜。不墮邊故。不失中道。是謂二諦中道也。三者。此非一與前非異。復無有異。以緣起無二故。謂壞有之空。卽是盡空之有。如是空有無障礙故。極相違反。還極相順。是故相奪相與。復無有二。緣起鎔融義理無礙故也。由非一卽非異。故卽二諦爲中道。由非異卽非一。故卽中道爲二諦。四者。此非一與非異亦非一。是故卽非一之非異。與卽非異之非一。義不離故。而非一也。謂不異中之二。不異二之中。雖義融通。理不離故。非中非二。具足中二。是謂中邊無障無礙。思之可見。第三約有無者有二門。先約表。後約遮。前中二。初總後別總者。於一緣起融成四句。各不墮邊。謂不礙空之有。雖盡空單有。而不墮有邊。二不礙有之空。雖盡有唯空。而不墮空邊。三無異之空有。雖極相違。而俱辨不墮於二邊。四極反之空有。雖無二雙泯。而俱非不墮於邊。是故四句歷然而不墮四邊。又亦可得依上義門。四句俱得說邊。是故或非中非邊。具足中邊。可知。二別者。或以幻有爲有無性爲空。或無性爲有。以理實故。幻有爲空。以不實故。皆俱融雙泯。各不墮邊。是名有無中道。故涅槃云。亦有亦無。名爲中道。並准上思之。二約遮者。亦先總後別總中問依他是有耶答不也以無自性故是空耶不也不壞緣相故是亦有亦無耶不也無二法故不相違故是非有非無耶不也以有無旣離無所待故不礙二義故是故由前三句離有離無故不著邊由第四句離非有非無亦不著中如此不著中不著邊方爲無寄中道二別者先約幻有問幻有是有耶答不也是幻有必不有故是無耶不也以有旣不有無可無故又不礙幻事非斷滅故是亦有亦無耶不也以二義形奪俱不存故非有非無耶不也以無有無無所待故具此二義

是幻有故。是故單就幻有。四句皆絕。亦無寄中道也。二約眞空者。問。眞空是空耶。答。不也。以是眞空。非斷空故。是有耶。不也。相無不盡故。是俱耶。不也。無二法故。不相違故。是俱非耶。不也。以絕待故。具實義故。是故眞空亦絕四句。具顯中道故也。上來總約依他起性。明二諦中道竟。第二約餘二性者。先別後總。別中先約偏計所執。此有二義。故瑜伽云。偏計所執。情有理無。此中約妄情謂有。如空華於病眼。是凡愚所取。以爲俗。約理中實無。如空華於淨眼。是聖智所知。爲眞。此無彼有。交徹無礙。融爲一性。故百論中。猶如一柰。於瓜爲小。於棗爲大。大小無礙。名爲一柰。當知此中有無亦爾。如是無二。名爲中道。故論云。無二有此無是二名中道。論自釋云。無二者。無能取所取有也。有此無者有此能取所取無也。此有彼無無二爲中道。此中有此無者。只是無彼有故也。此是情理相望說。若單就情。一切皆是情謂虛妄。若唯約理。一切有無等並無所有。無所有亦無所有。一切皆絕。亦無中無邊。二約圓成實者。此有三重。一約言就詮。亦得爲俗。離言捨詮。非安立故。方乃爲眞。俱融無礙。以爲中道。二約絕諸相故。是空義。約眞德實故。是不空義。此空不空無二爲中。如經中空不空如來藏等是也。三約此眞如當體無礙。則無無所有爲空。則此眞體不可壞故。名不空。此空不空不二爲中。第二總辨者亦二重。一約迷眞起妄爲俗。會妄歸實爲眞。眞妄俱融。交徹無礙。以爲中道。是眞該妄末。妄徹眞源。眞俗混融。以爲中道也。二攝眞從妄。則俗有眞無。攝妄從眞。則俗無眞有。如是眞俗有無無礙。以爲中道。第三通約三性辨者。先開後合。開者。所執有二義。謂情有理無。依他亦二義。謂幻有性空。

圓成亦二義謂體有相無合者以所執情有依他幻有圓成相無如是有無無二爲俗諦中道所執理無依他性空圓成體有如是有無無二名眞諦中道如是眞俗合而恒離離而恒合離合無礙是二諦中道此上二門亦有一異遮表等各有句數並准初門應知上來示義理竟第二約成觀者此眞空法平等二諦三世諸佛之所同依一切菩薩離此無路是故若欲於眞大乘求出要者於此深空偏攻作意觀察既久遂能照理伏惑今略明此眞空之觀以作三門一識病此有二一麤謂有修

行。爲求名聞求利養等。巧僞不眞。爲令他知。及不護戒行。如是等類。不能得入此眞空觀。二細。謂縱有質直趣理之心。不識自心執見過患。是故無心翻情入理。故亦不能入此觀也。是故行者欲入此觀。於上麤細之患。極須善識。求遠離之。二揀境者。亦二。一倒境。謂聞空謂斷無聞有謂實有等。並如情所取。非是法境。二眞境。如上說空有俱融無礙之法難名目者是也。極須揀之。若不爾者。則入魔網故也。三定智者亦二。一解。謂於前眞空善分析揀擇。不與三種空亂意相應。又亦解知此解。與行不同。若不爾者。於此法上墮不生解。則謂此解便是行心。非正理故。不名解也。二行。謂以行心觀正理時。決定不如前之所解。以解不能至故。行心順法。亡情念故。謂於眞境。不作空解。不作有解。不作俱解。亦不作俱非解。於一念間。一切解心動念總絕。亦無不動之解。所解亦絕。此絕亦絕。境智俱融於一念間。此謂情開理現。難可宣說。至者當知。龍樹說空。意在於此。第三顯德用者。中論云。以有空義故。一切法得成。又云。以一切法空故。得有三寶四諦等。大品云。若一切法不空。則無道無果。又云若諸法如毫釐許有者。則諸佛不出世。如是等文。皆明以有眞空故。方有諸法也。又由觀眞空。方成諸行。是故十度等行。皆由空成。菩提等果。皆由空立。是故從此眞空無住建立諸法。又令諸法得相卽相入無障無礙等。並是此門之大用也。第四會異說者。於中有二。先叙異說。後會無違。前中此大乘內。於緣生法。二宗盛諍。一執爲有。二說爲空。且執有者。說此緣生決定不空。以有因緣之所生故。猶如幻事。不可言無。若言空者。應非緣生。如兎角等。若爾。則便斷滅因果。破壞二諦。以若無心心法。

何斷何證。何修何益。故唯識論云。若一切空。何有
智者為除幻敵。求石女兒以為軍旅。如是等。設有
處說緣生空者。應知此就徧計所執。說緣生法無
二我故。密意言空。非謂彼法舉體全無。若此無者。
則是斷無惡取空見。甚為可畏。經云。甯起有見如
須彌山。不起空見如芥子許。中論云。若復見於空。
諸佛所不化。如是空見。既是深過。明知緣生必定
不無。攝論瑜伽深密經等。決定說有。不可違故。二
執空者。言此緣生法決定是空。以從緣生必無自
性故。猶如幻事。不可言有。若言有者。則不從緣。不

從緣故則非緣起之法也設有處說緣生法體是有者應知但是隨俗假說非謂彼體實是不空以若有體則不從緣不從緣故則無知斷證修亦壞於二諦大品云若諸法不空則無道無果中論云若一切不空則無三寶四諦成大邪見智論云觀一切法從因緣生從因緣生則無自性無自性故畢竟皆空又若言此幻事不空者今且問如幻巾爲兎此兎爲在巾內爲在巾外爲卽是巾爲離巾有爲有皮毛爲有骨肉旣並絕無依何執有當知此兎不待滅而自亡本不生而虛現是故要由性

空得有二諦。又汝以我宗爲空見者。此過屬汝。何者。若汝執有。則不藉緣。不藉緣故。則斷因果。豈非空見。橫執有法。豈非有見。有無二見。雙負汝宗。何不生畏。又汝不了我所說空。離有無見。執爲空見而生怖者。此是汝自空見。非關我宗。又汝橫怖自見而執情有。復成有見。俱失佛法。於顛倒情而恒流轉。雖染法衣。常在法外。是汝之失。又汝云何有智者爲除幻敵等者。諸大乘經。何處不說諸法如化。菩薩修幻智。斷幻惑。成幻行。得幻果等。如是聖教。豈不違害。何不生怖。又汝意謂有斷證。故非如幻者。非如幻故。非從緣生。非緣生故。何有斷證。是故反是大邪見也。又汝無著菩薩。順中論內。尊承龍樹。稱阿闍梨。師其所說。釋彼餘論。況護法等而輒毀謗。入楞伽中佛記龍樹。住初歡喜地。能破有無見。往生安樂國。既是破有無見。何曾是空。若言龍樹是空見者。深成誹謗。此既佛所讚歎。餘人毀謗。與佛違諍。非釋種矣。第二會無違者。諸緣起法。未嘗有體。未曾損壞。無體無壞。無二無礙。爲緣起法。是故龍樹等雖說盡有之空。而不待滅有。既不損有。卽是不違有之空也。故龍樹說空。離有離無。

爲眞空也。無著等雖說盡空之有。而不損眞空。旣不損空。卽是不違空之有也。故亦離有無之幻有。何相違耶。當知二說。全體相與。際限無遺。雖各述一義。而舉體圓具。故無違也。如其不爾。恐墮空無。勵意立有。不達此有是不異空之有故。是故不受彼空。反失自有。失自有者。良由取有。又若恐墮有所得故。猛勵立空。不達此空是不異有之空故。是故不受緣有。反失眞空。失眞空者。良由取空。是故舉體全空之有。無著等說。舉體全有之空。龍樹等說。非直二說互不相違。亦乃二義相由全攝。故無二也。問。若爾。何故清辯護法。後代論師。互相破耶。答。此乃相成。非是相破。何者。爲末代有情根器漸鈍。聞說幻有。謂爲定有。故清辯等破有令盡。至畢竟空。方乃得彼緣起幻有。若不至此畢竟性空。則不成彼緣起幻有。是故爲成有故。破於有也。又彼聞說緣生性空。謂爲斷無。故護法等破空存有。幻有存故。方乃得彼不異有之空。以若不全體至此幻有。則不是彼眞性之空。是故爲成空故。破於空也。若無如此後代論師。以二理交徹。全體相奪。無由得顯緣起甚深。是故相破反是相成。由緣起法幻有眞空有二義故。一極相順。謂冥合一相。舉體全攝。二極相違。謂各互相害。全奪永盡。若不相奪永盡。無以舉體全收。是故極違卽極順也。龍樹無著。就極順門。故無相破。清辯護法。據極違門。故須相破。違順無礙。故方是緣起。是故前後不相違也。餘義准上思之。諸諍無不和會耳。

△第七造論時代者。有說龍樹佛滅度後八百年出。依摩訶摩耶經。佛滅後七百年出。近問三藏云。西國有傳龍樹從佛滅後三百年出南天竺。共一國王。以藥自持。擬待彌勒。至八百年。彼王諸子並皆

老死。無嗣位者。後一太子恨無得位。母氏教云。汝父不死。是龍樹所持。汝乞彼首。父則隨喪。子便依言往乞。菩薩剔頸與之。於是而卒。旣五百年在世。是故諸說皆會。然其所造。雖復廣多。唯於此論自造本頌。還自造釋。旣不雜餘言。亦將爲甚妙也。

△第八傳譯緣起者。三藏法師鳩摩羅什。此云童壽。賷梵本至此。以大秦弘始年。於逍遙園中。與生肇融叡等諸德共譯茲論。叡公筆受。與中百及智論等同譯。故肇公披閱四論。若日月之入懷。彼評云。百論廣破外道。門論廣破小乘。中論具破內外。智

論解釋大乘。文勢如此也。是故三論立旨派流於九壤。龍樹宗傳實什公之力也。雖復譯在關河。然盛傳於江表。則興皇朗之功也。

△第九釋論題目者。然此三論得名不同。或就所顯爲名。如中觀論。以中道是所顯故。或約所遣及所託爲目。如此論以十二門法爲所遣託故。或約數爲名。如百論。以論有百偈故。此中十二者。有人解云。此是隨語中一大數也。如一日十二時。一年十二月。又表十二入十二緣等。此恐不然。今釋十二有三義。一約所遣。謂所執萬端。別袪難盡。故今總

攝。十二統收。無別表也。二約所託。謂津悟多方。數窮八萬。要略所仗。十二爲號。如下文云。當以十二門入於空義。此是入眞空之勝方便也。三合此二義。謂非遣執無以入空。遣卽託也。非入空無以遣執。託卽遣也。門者。亦有三義。一是收攝義。謂此十二。以一一統收諸餘所遣無量諸法。故以爲門。如章門等。二是開示義。謂於此十二。開示顯現眞空理。故以此爲門。如開方便門。示眞實相等。三是通入義。謂令依此游履通入彼眞空故。此中十二卽門。帶數釋也。亦有本作觀十二門觀者鑒照義。且鑒照有二。一照俗。謂觀照此十二類法。二觀眞。謂即於此十二法上。破相開示。照達眞空。令心無寄。故云觀也。此中據後義說。觀則是智。十二門是境。境智合目。如此境智。是所詮義。論者。是能詮教。謂以理窮覈。使諸相永盡。故云論也。又以巧辯徵責。令執心無寄。亦云論也。觀因緣門者。當別目。謂親辨法體爲因。疏而助發爲緣。推求無性爲觀。開悟眞空曰門。十二之初。故云第一。觀因緣門第一六字古本連在論題之下故於此處釋之龍樹菩薩造者。梵語名作那伽阿順那。那伽。此云龍。阿順那者。羅什翻爲樹。慈恩三藏翻爲猛。並非敵對正翻。所以知者。近問大原三藏云。西國俗盡說。前代有猛壯之人。名阿順那。翻爲猛者。但指彼人。非正譯其名。又西國有一色樹。亦名阿順那。此菩薩在樹下生。因名阿順那。是故翻爲樹者。亦指彼樹。非正翻名。阿順那雖俱無正翻。就義指事。樹得人失。以於樹下而生。龍宮悟道。故云龍樹。菩薩者。若具應云菩提薩埵。諸論通釋總有三義。一菩提。此云覺。則所求也。薩埵。此云生。則所度也。此二俱是所緣境。則從境爲名。如白骨觀等。二菩提同前。是所求境。薩埵。是能求行者。則能所合目。境智爲名。三薩埵。此云勇猛。謂於大菩提勇猛求故。以菩下略提。薩下略埵。故云菩薩也。造者。是製作也。

十二門論宗致義記卷第一

十二門論宗致義記卷第二

龍樹菩薩造論

姚秦三藏法師鳩摩羅什譯

唐京西大原寺沙門法藏記

△第十隨文解釋者。諸論之首。皆有歸敬等頌。此論無者。爲存略也。以此論是略論故。亦是作者隨意。有無無在。

就此論中文別有二。初標宗辨意。二從釋空者下。開宗解釋。○前中三。先標宗。二問曰下辨意。三大分下。會意歸宗。

說曰。今當略解摩訶衍義。

前中說曰者。問答稱論。直言曰說。又成教傳通曰論。曲授門人曰說。曰者。語詞也。略解者。略有四義。一約人。謂對佛果圓音大無礙辨。廣說般若二十萬頌。今此龍樹位居不足。證法未圓。所說非廣。故云略也。二約教。謂龍樹所造大無畏論十萬頌對彼說此以爲略也。三約義。謂空爲法本。有爲末相。若演本從末。隨俗萬差。以爲廣說。若攝末歸本。就理要妙。以爲畧說。則要畧之畧也。故文云但解空義。此之謂也。四約機。謂佛在世。爲利根大士所說為廣。佛滅度後。菩薩為彼末世鈍根所說為略。今此文中具斯四釋。故云略也。言解者。辨釋也。但佛經所說義理多門。未知今者解釋何義。為揀彼小乘。非此所釋。故云摩訶衍義。摩訶。此云大。衍者。此云乘。此大乘名。後論自釋。義者。是所以也。則是所詮義理。謂眞空也。

△第二辨意中。有三番問答。以辨其意。初一明法義利。次一彰略非廣。後一顯法名義。○初中先問後答。答中二。先嘆本法甚深。後明作論之意。

問曰。解摩訶衍者。有何義利。答曰。摩訶衍者。是十方三世諸佛甚深法藏爲大功德利根者說。

前中有二種甚深。初嘆證甚深。謂諸佛所有故。二嘆阿含甚深。爲大功德利根者說故。又初則主勝故法深。後則機勝故法深。以若非諸佛大人。無以能說。若非菩薩大士。無以堪受。是故此法玄軌妙則。無不甚深。故名爲法。則法含攝蘊積包容諸勝德故。名之爲藏。大功德是福勝。利根是智深。者是人。謂具勝福深智之者。方堪爲器。顯法深也。

△後明作論意。於中二。先答利後光闡下。答義。何故此中先利後義者。謂表菩薩大士。宜以接物爲先

故也。又釋初是饒益有情。後是成就佛法。依瑜伽等論。然諸菩薩從初發心。常修如此二種正行。亦是二利行也。○前中二。先明所被劣根。後明論主設教。

末世衆生薄福鈍根。雖尋經文。不能通達。我愍此等。欲令開悟。

前中末世者。時劣也。此有二義。一從佛滅後。總名末世。二謂正法五百年已後。總名末世。衆生薄福等者。人劣也。謂四大五蘊積成衆生。故云衆生。薄福。翻上大功德。鈍根顯智劣。翻上利根也。尋經不達者。謂雖尋文而不。達其義。鬪說有無。皆隨言定解。故是迷謬失也。我愍此下。明論主起悲設教。論興由致。答利益也。

又欲光闡如來無上大法。是故略解摩訶衍義。

第二答義中。謂此菩薩光揚開闡無上大法。令久住世。報佛恩故。是瑜伽論菩薩造論六意之中。爲令失沒種種義門。重開顯故。此之謂也。

△第二問答顯略說中。先問後答可知。

問曰。摩訶衍無量無邊不可稱數。直是佛語尚不可盡。況復解釋演散其義。答曰。以是義故。我初言略解。

△第三顯名義中先問後答。

問曰。何故名爲摩訶衍。答曰。摩訶衍者。於二乘爲上。故名大乘。諸佛最大。是乘能至。故名爲大。諸佛大人乘是乘故。故名爲大。又能滅除衆生大苦。與大利益事。故名爲大。又觀世音得大勢文殊師利彌勒菩薩等。是諸大士之所乘故。故名爲大。又以此乘能盡一切諸法邊底。故名爲大。又如般若經中佛自說摩訶衍義無量無邊。以是因緣。故名爲大。

大有七義。一對小超過故。二能至大處故。三大人所乘故。亦是會運大。四利用廣大故。五多所乘故。

亦是現運大。六廣大甚深故。謂廣盡其邊。則是無邊之邊。量智境也。深窮其底。則是無底之底。理智境也。七攝功德大。故佛經自說。又如集論。乘有七義。起信論中三義。皆有運轉義。是乘以無分別智爲性等。廣如別說。

△第三會意歸宗中亦三。先標擧法體

大分深義。所謂空也。

大分者。是大都之言耳。謂諸法萬差。大都總相。無非是空故不礙諸法。未嘗不空。故說眞空。名爲深義。

△二明其勝用。

若能通達是義。卽通達大乘。具足六波羅蜜無所障礙。

若通達如此眞空。則萬行皆悉圓備。略舉六度以爲行本。無障礙者。此有三義。一約境。謂眞空不礙萬行。萬行不礙眞空。故云無礙。亦乃卽眞空爲萬行。萬行未曾不空。卽萬行爲眞空。眞空未嘗不行。故云無礙也。二約智。謂照空之智。則具萬行。萬行卽智。無有障礙。故云若通達。通達則是智也。三約俱融。謂、智有二義。一從緣虛故虛無不盡。智同境也。二虛盡唯空。未嘗失照。境卽智也。以卽空之妙智。還照卽智之眞空。是故終日照而無照。終日境而無境。無境無智。而境智宛然。故名通達。亦云無障礙也。

△是故下。第三結意歸宗可知。

是故我今但解釋空。

△第二大段開宗解釋。於中二。先標數開門。

解釋空者。當以十二門入於空義。

觀因緣門第一

△後初是下。隨門別釋。別釋中十二門則爲十二段。

○初門中三。初標起章門。二立頌略示。後釋頌廣顯。

初是因緣門。所謂

衆緣所生法。　是卽無自性。　若無自性者。

云何有是法。

頌中上半舉法。下半徵情。又上半明緣生故無性。下半顯無性故卽空。若具言。此中有兩重比量。以初成後。何者。上半明一切有爲法皆無自性。宗。以從緣生故。因。喻可知。下半明有爲法定空。宗。以無自性故。因。喻亦可知。

△三釋頌廣顯中二。初明有爲空。後類顯我及無爲
一切皆空。○前中三。一牒舉果。二如是下。破顯無
性。三是故下。結有爲空。○初中三。先開果有內外。
衆緣所生法有二種。一者內。二者外。
△二開緣亦內外。
衆緣亦有二種。一者內。二者外。
△三釋顯內外緣果。
外因緣者。如泥團轉繩陶師等和合故有瓶生。又如
縷綖機杼織師等和合故有氎生。又如治地築基梁
椽泥草人功等和合故有舍生。又如酪器鑽搖人功

等和合故有酥生。又如種子地水火風虛空時節人功等和合故有芽生。當知外緣等法皆亦如是。內因緣者。所謂無明。行。識。名色。六入。觸。受。愛。取。有。生。老死。各各先因而後生。

此中先辨外事。有五事各有因緣及所生法。並可知。後顯內報。謂十二因緣。依小乘宗。皆前支爲因。生後支故。具有因緣及所生法。亦可知。亦是釋頌中初句竟。

△二破顯無性中二。先總顯。

如是內外諸法。皆從眾緣生。從眾緣生故。即非是無性耶。

謂內外法既各如是攬緣而成。豈非即是無自性耶。若有自體。豈更緣故。涅槃經云。譬如青黃合成綠色。當知是二本無綠性。若本有者。何須合成。

△二若法自性無下別顯無性。於中先外後內。○外中二。先正破。後類結。○前中初標列自。他。共。三章俱無。

若法自性無。他性亦無。自他亦無。

△二何以故下徵釋。於中先徵後釋。釋中先釋自性無。後釋他性無。不釋第三共生。以自他若破。無別

共故。

何以故。因他性故無自性。

就釋初中謂自性若有。則不因他。以因他故。自性無也。

△二若謂下。釋他性無中有三。初他成別體故非因。二若謂下。因同果體故非他。三又蒲下。因復無性失自他。又釋此三初約疎。二約親。三約俱非。○初中二。先約情縱破。

若謂以他性故有者。則牛以馬性有。馬以牛性有。棃以柰性有。柰以棃性有。餘皆應爾。而實不然。

謂若他生者。牛應生馬。種梨生柰等也。後而實不然者。就理奪破也。

△二若謂下。就親破。亦是明因同果體故非他。於中三。初牒救總非。

若謂不以他性故有。但因他故有者。是亦不然。

謂外計云。他有二種。一非因之他。如牛於馬。可不相生。二是因之他。如蒲於席。何得不生。前文但云他不言因。此中說因而不言他故也。此救非理。故云不然。

△二徵不然所以。

何以故。

△三正釋破。於中初存因失他。故非因。是奪破也。

若以蒲故有席者。則蒲席一體。不名爲他。

若謂是因而非他者。因既於果而非他。則蒲席一體。體既是一。則失於因。因既失矣。他生之義安在。

△二存他失因。是縱破也。

若謂蒲於席爲他者。不得言以蒲故有席。

謂若是他。因非因故。前則以因爲他不成。後則以他爲因。又前由一故不成生。後由異故亦不生。是故他不生也。亦可前中量云。因定不生果。以與果法不別故。猶如果法。後義量云。因定不生果。以與果異故。猶如非因法。

△三推因無性失他。於中遮外救云。上來或異同非因。或一同果法。俱不得生。而實生理非一非異。故得相生。今破意云。若有此因。可與果非一異。而能生於果。今推求此因亦無自性。以從衆緣成故。猶如果法。是故無體可能生也。文中有四。初標。

又蒲亦無自性。

△二徵。

何以故。

△三釋。釋中先釋蒲無自體。

蒲亦從衆緣出。故無自性。

△後辨無力成席。

無自性故。不得言以蒲性故有席。

謂自體尙無。何有力用。

△四結。

是故席不應以蒲爲體。

△二餘瓶下。類餘一切外因緣法皆不可得。

餘瓶酥等外因緣生法。皆亦如是不可得。

△第二釋破內法緣果之中有二。初略指同前破。亦

是懸標後文破。

內因緣生法。皆亦如是不可得。如七十論中說。

指傳此七十論。亦是龍樹所造有七十頌。故名也。

△二引頌廣顯破。此中二。初引頌。

緣法實無生。　若謂爲有生。　爲在一心中。
爲在多心中。

頌中初句顯正理。次句牒執。下二句徵破。又可初句奪破。後三句縱破。又可初句標無生。後三句釋無生。

△二釋頌中。先釋文顯宗。後結因果俱空。釋中先立

正義。亦是釋頌初句。就理奪破。

是十二因緣法實自無生。

△二若謂下。破外情計。亦釋下三句縱破。此中三。先開兩關定。二次第別破。三雙結俱非。

若謂有生。爲一心中有。爲衆心中有。

△第二別破中二。先約一心破俱。縱其所立。

若一心中有者。因果即一時共生。

謂正無明上心時。行等亦應同時。

△又因果下。奪其因果。文中先標舉。

又因果一時有。是事不然。

△後釋成。

何以故。凡物先因後果故。

△二約多心破有三。初因果別異破。

若衆心中有者。十二因緣法。則各各別異。

以不相搆及。故非緣生法也。

△二後果無因破。

先分共心滅已。後分誰爲因緣。

謂先分無明。與前心俱謝。後分行等。誰爲其因。

△三遮救重破。

滅法無所有。何得爲因。

謂外救云。我前念無明雖滅。能引後行支。故爲因。
如等無間緣。本識中種子。前滅後生等。今破云。汝
前心爲已滅。爲未滅。若已滅。滅是無物。以何爲因。
若未滅。則果不得生。以前心破故。
△三十二因緣下。雙結可知。
十二因緣法若先有者。應若一心若多心。二俱不然。
△第三是故下。結緣果皆空可知。
是故衆緣皆空。緣空故。從緣生法亦空。
△二類破中四。初結有爲法空。可知。
是故當知一切有爲法皆空。

△二有爲倘空下。以法空故。顯我無依。故亦空也。論說法執爲因。人執爲果。本因既亡。末果隨喪也。以此論明人法二空故。先辨法空者。以正破二乘。兼破外道故。此中三。一標況破。

有爲法倘空。何況我耶。

△二釋法破。釋中二。先順釋。

因五陰十二入十八界有爲法。故說有我。如因可然故說有然。

謂因三科有爲法積聚故。假說爲我。有爲既空。假我安在。可然是薪。然是火。

△反釋可知。

若陰入界空更無有法可說為我。如無可然不可說然。

△三引證破。

如經說、佛告諸比丘因我故有我所。若無我則無我所。如是有為法空故。

引徵中。如經說。因我故有我所。如因法有我相似、又釋前法空故我空。此明我空故所空。以所是我之用故。此乃從本向末以說空也。

△三類顯無為空中。先標類。

當知無爲涅槃法亦空。

謂涅槃名寂滅也。

△二何以故下。釋成。釋成中三。初無法可滅故無滅。

何以故。此五陰滅。更不生餘五陰。是名涅槃。五陰本來自空。何所滅故。說名涅槃。

△二無能得滅故無滅。

又我亦復空。誰得涅槃。

△三復次下。明闕生待對故無滅。

復次無生法名涅槃。若生法成者。無生法亦應成。生法不成。先已說因緣。後當復說。是故生法不成。因生法故名無生。若生法不成。無生法云何成。

△四是故下。結三空可知。

是故有爲無爲及我皆空。

觀有果無果門第二

釋此門略作四句。

△一釋名者。諸門名皆有三義。一舉觀智爲能觀。二舉所遣託爲門。則所觀有果無果是也。三入門見眞則下文眞空是。皆從初二義題章。

△二來意者。有二義。一前品總破因緣及果皆空。今此別剋因中有無以顯無生。故次來也。二前以因

緣及果自他形奪。以顯無生。今則以因中有無徵辨無生。令前眞空轉極明了。故令執有無者心轉無寄故。是故來也。

△三宗趣者。先叙所破。一外道。謂僧佉計因中有果。衛世計因中無果。尼揵計因中亦有果亦無果。若提計因中非有果非無果。二小乘。薩婆多。計因中有果性。經部。計因中無果體。又大衆部。計過未是無。則是中無果也。犢子部。計亦有亦無。以無事而有性故。義准法相大乘。說非有非無。以待緣故不有。爲因故不無。如是等文。皆是所破。二所顯宗。謂

只由此四句爲所由故。俱不得生。不待生處。是所入宗也。

△四釋文中四。一總標。二別釋。三結宗。四類遣。○初中二。先標宗生起。後舉頌立宗。此可知。

復次諸法不生。何以故。

先有則不生。　先無亦不生。　有無亦不生。

誰當有生者。

△二別釋中二。初舉頌立三章門。

若果因中先有則不應生。先無亦不應生。先有無亦不應生。

△三何以故下釋。釋中三。先釋因中有果不生。次釋無。後釋俱。○釋有不成生中。有十五番。○初一恒生不生破。於中四。初出過。二牒計破。三遮救破。四結成破。前二縱破。謂將已生同未生。則應恒生。後二奪破。將未生同已生。則應恒不生。○前中初出過。

何以故。若果因中先有而生。是則無窮。

△第二牒計破。

如果先未生而生者。今生已復應更生。何以故。因中常有故。從是有邊復應更生。是則無窮。

量云。因應生果已更生。以因中常有果故。如未生果因。以未生與生。因位不改故。又以已生之果。不異未生時故。是故因中恒有常生也。從是有邊復應更生者。謂此果法。在因出因。俱是有故。在因既生。出因何得不生。是故生已更生。是則無窮。此是重生無窮。

△三遮救破。亦是恒不生破。

若謂已生更不生。未生而生者。是中無有生理。

於中先牒外救云。已生是事成。事成不須生。未生是性有。性有故須生。後正破云。無生理者。旣已生是有。而不更生。未生亦有。應亦不生。故云終無生理。亦有量云。未生因應不生果。以因中有果。無生理故。如已生果因。此是常不生過。若以已同未。則應常生。若以未同已。則應常不生。由具斯失。

△是故下第四總結無生。

是故。先有而生。是事不然。

△第二俱有不齊破。破意云。若已未俱有。遂得一生一不生。亦可已生與未生。一有一不有。若言未是性有故有生。已是事有故不生。亦可生亦有二生。一是性生故。二是事生故。不生文中初牒執。

復次若因中先有果。而謂未生而生。生已不生者。

△後正破。可知。

是亦二俱有。而一生一不生。無有是處。

△第三已未相違破。此中先正破。

復次若未生定有者。生已則應無。何以故。生未生共相違故。

初者。生與未生旣是相違。未生是有。生已應無。以相違故。如明暗等。

△後釋成。

生未生相違故。是二作相亦應相違。

釋中二作亦相違者。未生以有作相。生已亦以有作相。已未既其相反。作相那不相違。故令不齊也。亦可此是易位失體破。謂未生既是有。後作生已。應失自體。以失未生位故。

△第四已未無別破。文中三。標。

復次有與無相違。無與有相違。

釋。

若生已亦有。未生亦有者。則生未生。不應有異。何以故。若有生。生已亦有。未生亦有。如是生未生有何差別。生未生無差別。是事不然。

謂汝若不受相違之患則墮無差之咎。量云。未生應即是已生。以體俱有無別故。猶如已生。前以已未徵自體。自體不得一。今以自體徵已未。已未不得殊。結可知。

是故有不生。

△第五先成無用破。謂果已先有。因無生用。如果在器。器無生果之用。故云作已不作等也。

復次有已先成何用更生。

△二舉例。

如作已不應作。成已不應成。

△三結非可知。

是故有法不應生。

△第六已有應見破。先正破。

復次若有生。因中未生時果應可見。而實不可見。如
泥中瓶蒲中席應可見。而實不可見。是故有不生。

謂果若有而不見者。更以何法知此有耶。量云。有
是不有。以不見故。猶如無物。

△二破救。

問曰。果雖先有。以未變故不見。答曰。若瓶未生時。瓶
體未變。故不見者。以何相知。言泥中先有瓶。為以瓶

相有瓶爲以牛相馬相故有瓶耶。若泥中無瓶相者。亦無牛相馬相。是豈不名無耶。是故爾汝說因中先有果而生者。是事不然。

救以未變無相。是故不見。破意。泥中既未變而無瓶相者。與泥中亦無馬相。是二有何別。泥中無馬相。亦則無馬體。泥中無瓶相。豈得有瓶體量可知。結可知。又泥中無馬相。無由知有馬。泥中亦無瓶相。以何知有瓶。亦有量可知。此後亦是徵果以相破。

△第七窮變失果破。於中二。先正破。後破救。○前中

三。初以變同果破。

復次變法卽是果者。卽應因中先有變。何以故。汝法因中先有果故。若瓶等先有。變亦先有。應當可見。而實不可得。是故爾言未變故不見。是事不然。

果有變亦有者。今應可見。此縱破也。而實下。就理結非。則奪破也。

△二若謂未變下。以果同變破。

若謂未變不名爲果。則果畢竟不可得。何以故。是變先無。後亦應無。故瓶等果畢竟不可得。

變無果亦無。則失於果法。以變初無後畢不有。以彼宗中果若先無後終不生故。是故變終不得有。
變終不得有故。果則永無也。
△三有無不定破
若謂變已是果者。則因中先無。如是則不定。或因中
先有果。或先無果。
乖本計故。違自言故。文可見。
△二破救中四。一外救。二正破。三重救。四重破。○初
外救意。引世八緣證變是有。而無示現。上來諸難
無不雪也。文中三。初一句。標自宗。二凡物下。引自
類。三汝說因中下。結破非。

問曰。先有變但不可得見。

△引類中四。一標。

凡物自有有而不可得見者。

△二列。

如物或有近而不可知。或有遠而不可知。或根壞故不可知。或心不住故不可知。障故不可知。同故不可知。勝故不可知。微細故不可知。

△三釋。

近而不可知者。如眼中藥。遠而不可知者。如鳥飛虛空。高翔遠逝。根壞故不可知者。如盲不見色。聾不聞聲鼻塞不聞香。口爽不知味。身頑不知觸。心狂不知實。心不住故不可知者。如心在色等。則不知聲。障故不可知者。如地障大水。壁障外物。同故不可知者。如黑上黑點。勝故不可知者。如有鐘鼓音。不聞捎拂聲。細微故不可知者。如微塵等不現。如是諸法雖有。以八因緣故不可知。

△四結並可知。外意取第八爲量耳。

汝說因中變不可得。瓶等不可得者。是事不然。何以故。是事雖有。以八因緣故不可得。

△二正破中三。初總揀不同。

答曰。變法及瓶等果。不同八因緣不可得。

△二次第別揀。

何以故。若變法及瓶等果極近不可得者。小遠應可得。極遠不可得者。小近應可得。若根壞不可得者。根淨應可得。若心不住不可得者。心住應可得。若障不可得者。變法及瓶法無障應可得。若同不可得者。異時應可得。若勝不可得者。勝止應可得。若細微不可得者。而瓶等果麤應可得。

△二別破第八

若瓶細故不可得者。生已亦應不可得。何以故。生已未生。細相一故。生已未生。俱定有故。
謂始終一故。俱定有故。不得改也。比量可知。
△三重救可知。
問曰。未生時細。生已轉麤。是故生已可得。未生時不可得。
△四重破中三。一以果同麤失果破。
答曰。若爾者。因中則無果。何以故。因中無麤故。
謂汝言未生時細。則麤果先無。乖汝自宗。
△二又因中下。以細奪麤失果破。
又因中先無麤。若因中先有麤者。則不應言細故不

可得。今果是麤。汝言細故不可得。是麤不名為果。今果畢竟不應可得。而果實可得。是故不以細故不可得。

謂汝若言生已轉麤。則細非果。不得言果細故不可得也。麤細並檢。果體本無。

△三如是下。結呵情計。

如是有法。因中先有果。以八因緣故不可得。先因中有果。是事不然。

△第八自壞因果破中。初牒計標壞。

復次若因中先有果生者。是則因因相壞。果果相壞。

△二何以故下。釋顯壞相。

何以故。如氈在縷。如果在器。但是住處。不名為因。何以故。縷器非氈果因故。

此中先釋因壞。以因無因。但是果法所寄住處故。如器中果。器非果因故。縷等是法。器等為喻。比量可知。

△二若因壞下。釋果壞。初相待破。

若因壞。果亦壞。是故縷等非氈等因。因無故。果亦無。

△次釋破可知。

何以故。因因故有果成。因不成。果云何成。

△第九失法虛求破。於中三。先標不作故壞於果。

復次若不作不名果。縷等因。不等能作氎等果。

謂果若先有。先有故。則非所作。非所作故。不得名果。則失果也。

△二何以故下。釋不作故壞於因。

何以故。如縷等不以氎等住。故能作氎等果。

謂終不以果於中住。故說因有能作。是故無能作故。則無因也。

△三如是下。結虛求。

如是則無因無果。若因果俱無。則不應求因中若先有果。若先無果。

謂因果既俱無。何須妄求於有無。又前門則因壞故果壞。此門果壞又失因。因以生果爲能作。果以從生爲所作。果既先有。則因失能作之功。果壞從生之義。是故俱失也。

△第十相無體失破。此與前責泥中瓶相何別者。前徵體相。此責標相。故異也。文中三。初縱有徵相。

復次若因中有果而不可得。應有相現。

△二舉類指事。

如聞香知有華。聞聲知有鳥。聞笑知有人。見煙知有火。見鵠知有池。
△三如是下。正奪情執。並可知。
如是因中若先有果。應有相現。今果體亦不可得。相亦不可得。如是當知因中先無果。
△第十一責果無從破。於中三。先牒果不從因。
復次若因中先有果生。則不應言因縷有氎。因蒲有席。
△二若因不下。撿果正無從。
若因不作他亦不作。如氎非縷所作。可從蒲作耶。若縷不作。蒲亦不作。可得言無所從作耶。若無所從作。

則不名爲果。

△三若果無下。結俱無可知。

若果無因亦無。如先說。是故從因中先有果生。是則不然。

△第十二自壞二。聚破。於中四。初標執示過。

復次若果無所從作。則爲是常。如涅槃性。

量云。果應是常。以無從作故。如涅槃性。

△二若果下。壞失有爲。

若果是常。諸有爲法則皆是常。何以故。一切有爲法皆是果故。

△三若一切下。壞失無爲。

若一切法皆常。則無無常。若無無常亦無有常。何以故。因常有無常。因無常有常。

△四結非呵止。並可知。

是故常無常二俱無者。是事不然。是故不得言因中先有果生。

△第十三因因無窮破。於中二。先正破。後破救。○初中三。先牒執示過。

復次若因中先有果生。則果更與異果作因。

△二如氎下。引類。亦是約情縱有。

如氈與著爲因。如席與障爲因。如車與載爲因。
謂因中有果。此果復爲餘因。於中復有餘果。如是
則無窮。依涅槃經。如牛中先有乳。此乳有酪。乃至
醍醐。是故牛中五味已具。又云。明當服酥。今已患
嗅。乃至食中應有等。又賣草馬。應取駒中復有駒。
如是一馬。應則是一羣。此之謂也。
△三如實下。就理奪無。
而實不與異果作因。是故不得言因中先有果生。
謂既因中果內異果是無。不與作因。因中之果是
則不有也。

△二破救中四。初牒執總非。

謂若如地先有香。不以水灑香則不發。果亦如是。若未有緣會。則不能作因。是事不然。

△二何以故下釋非顯破。

何以故。如汝所說。可了時名果。瓶等物非果。

破意云。若如地香。要待緣發者。未發之時。不名爲果。汝以可了爲果故。水是能了。香是可了。

△三重釋。

何以故。可了是作。瓶等先有非作。是則以作爲果。

了是作。故可名果。瓶等既先有。非是作故。不是果也。

△四結非。並可知。

是故因中先有果生。是事不然。

△第十四同了失生破。謂汝以水發地香。但是了因。甁等爾者。應兼成餘。如燈照甁。亦照餘故。又汝爲以作爲果。爲以了爲果。果若是作。甁等先有。非作不名果。果若是了。泥等了甁。何不亦兼生餘物耶。

文中四。初法。

復次了因。但能顯發。不能生物。

△二喻。

如爲照暗中瓶故然燈。亦能照餘臥具等物。

△三合。

爲作瓶故和合衆緣。不能生餘臥具等物。

△四結。並可知。

是故當知非先因中有果生。

△第十五二作不成破。文中先責。

復次若因中先有果生。則不應有今作當作差別。而汝受今作當作。

謂以果先有故。何者今作。何者當作。彼宗許有二作異故。失自執也。

△後結可知。

是故非先因中有果生。

上來釋先有不生章訖。

△第二大段釋先無亦不生。於中有五番。○一因同非因破。於中二。先正破。

若謂因中先無果而果生者。是亦不然。何以故。若無而生者。應有第二頭第三手生。何以故。無而生故。

△後破救。破救中先救。

問曰。瓶等物有因緣。第二頭第三手無因緣。云何得生。是故汝說不然。

△後破破中二。先等無生異果。

答曰。第二頭第三手。及瓶等果。因中俱無。如泥團中無瓶。石中亦無瓶。

△後齊無為異因。比量並可知。

何故名泥團為瓶因。不名石為瓶因。何故名乳為酪因。縷為氎因。不名蒲為因。

△第二一因多果破。於中先正破。後破救。前中約縱破。

復次若因中先無果而果生者。則一一物應生一切物。如指端應生車馬飲食等。如是縷不應但出氎。亦應出車馬飲食等物。何以故。若無而能生者。何故纔但能生氈。而不生車馬飲食等物。以俱無故。

謂一因應生一切物等。以是無故。

△後若因中下奪破。

若因中先無果而果生者。則諸因不應各各有力能生果。如須油者。要從麻取。不笮於沙。若俱無者。何故麻中求。而不笮沙。

謂若無者。不應諸因於諸果。各各有力能生果。今既諸因各各於自果有力。故知非無。如須油下。舉事曉示。

△二破救中。先牒計。總非。

若謂曾見麻出油。不見從沙出。是故麻中求。而不笮沙。是事不然。

△二釋顯非義。

何以故。若生相成者。應言餘時見麻出油。不見沙出。是故於麻中求不取沙。

謂從麻出油是生。此世人虛妄謂生。而實不生。與沙無別。是故徵責則不成生。更以何法知有生也。

△三結非呵執。

而一切法生相不成故。不得言餘時見麻出油。故麻中求不取於沙。

△第三猶豫同疑破。於中三。初標自意。

復次我今不但破一事。皆總破一切因果。

謂恐外人雖無執因中無果。見論主以沙例麻。麻中無義不成。則謂論主許其是有意欲移無執有。是故論主還遮云。我非直破汝計無有等亦破。故云破一切因果也。

△二若因中下。釋一切不成。

若因中先有果生。先無果生。先有果無無果生。是三生皆不成。

謂三因俱不成生。

△三是故下結同疑。

是故汝言餘時見麻出油。則墮同疑因。

謂汝但言見麻中出油。而不知麻中爲是有爲是無爲俱有無。是則汝於自因同疑不了。何得成生。

△第四因相不成破。於中二。先牒執不成因。二釋顯不成相。於中先釋因不成。

復次若先因中無果而果生者。諸因相則不成。何以故。諸因若無法。何能作何能成。若無作無成。云何名爲因。

謂親疏非一。故云諸因。於中無果法。故云無法也。若一種俱無果法。不知何者是親因故能作。何者是疏因故能成。又若無果法。何作何成。無作成故。則非因也。此文倒。應云若無果法。此因能作何等。能成何等。以無成作故。亦無因。

△二釋果不成。

如是作者不得有所作。使作者亦不得有所作。

如是因不成。故親因名作者。不得有所作果也。使作者是疏因。亦不得有果也。又有論本使字作所字。則作者是匠人。無果法可作。故不得有所作。所作是泥因亦不得有所作。以泥是人功所用作故。

△第五反難乖宗破。於中三。初外人反難論主。二論主顯彼乖宗之失。三結非呵止。

若謂因中先有果。則不應有作作者作法別異。何以故。若先有果。何須復作。

初中外人反難內有二難。一反質難云。汝破我以因中無果故。則無作者無作者故。是則無因。若爾者。汝則因中有果故有作作者為諸法因耶。二齊過難。謂若我因中無果故。則無作非因者。汝因中先有果。亦無作作者。以先有不須作故。此中難作

及難有也。作者是人。作是業用。作法是所作果。文

中標是初難。釋是後難可知。

△二論主反答破中二。初牒執總非。

是故汝說作作者作法。諸因。皆不可得。

△二別釋二難。於中二。初答齊過難云。

因中先無果者。是亦不然。何以故。若人受作作者分別有因果。應作是難。我說作作者及因果皆空。若汝破作作者及因果。則成我法。不名爲難。是故因中先無果而果生。是事不然。

今破彼作者作法。此非我立。故不成難。若能破彼。

彌順我空宗。亦不成難。文二可知。是故下。結可知。

△二答反質難中二。初正答。

復次若人受因中先有果。應作是難。我不說因中先有果故。不受此難。

謂彼有果。本非我宗。汝自唐勞。助成我義。

△二遮難。

亦不受因中先無果。

謂恐彼難云。汝旣不受有果。則同我無計。故云亦不受無果也。

上來破無訖。

△第三大段破亦有亦無俱執者。何故來者。謂彼外人先計有不成。則移執於無。又見論主破已不成則謂由我偏計有無故不成。因雙取二義。應順道理。是故破門來。又根有三品。上根於初門便悟。中根至二。下根至此。故有此來。文中兩番。○第一性自相違破。於中四。初舉執總非。

若謂因中先亦有果亦無果而果生。是亦不然。

宗。

△二釋顯相違。

何以故。有無性相違故。性相違者。云何一處。

因。

△三引例指事。

如明暗苦樂去住縛解。不得同處。

喻。

△四總結不生。

是故因中先有果先無果。二俱不生。

結。

△第二指同前二破。文可見。

復次因中先有果先無果。上有無中已破。

△大段第三結宗本中二。先結上三門不生。二於一

切下。結歸無生。

是故先因中有果亦不生。無果亦不生。有無亦不生。

理極於此。一切處推求不可得。是故果畢竟不生。

△第四類遣中有三。初類遣有爲。

果畢竟不生故。則一切有爲法皆空。何以故。一切有爲法。皆是因是果。

△二遣無爲。

有爲空故。無爲亦空。

△三遣我並可知。

有爲無爲尚空。何況我耶。

十二門論宗致義記卷第二

十二門論宗致義記卷第三

龍樹菩薩造論
姚秦三藏法師鳩摩羅什譯
唐京西大原寺沙門法藏記

觀緣門第三

釋此門四義同前。

△初辨名者。發果爲緣。觀緣無性。故以爲門。

△二來意者。前於因中求生不得。今於緣中求亦無生。故次來也。又以多門遣執盡故。又顯觸途皆無生故。

△三明品中所明者。謂推求四緣。皆無生理。是所宗
也。
△四釋文中五。初標宗。二破有。三破無。四破緣。五類
遣。
復次諸法緣不成。何以故。
初中諸法是果及緣皆不成故也。
△二破有中三。初舉頌略標。二出彼緣相。三徵破明
空。○初中先立頌。後略釋。
廣略衆緣法。是中無有果。緣中若無果。
云何從緣生。

瓶等果。一一緣中無。和合中亦無。若二門中無。云何言從緣生。

頌中上半奪破。下半結呵。又上半顯理。下半徵情。略釋中一一緣是廣。和合是略。此二門中求有生不可得也。

△二辨緣相中二。先問。後答。答中先頌。

問曰。云何名爲諸緣。答曰。

四緣生諸法。　更無第五緣。　因緣次第緣。
緣緣。增上緣。

頌中上半案定。下半列名以外道立神我爲第五緣。故此無也。

△後釋。釋中二。先列名。

四緣者。因緣。次第緣。緣緣。增上緣。

△後釋相。釋相中釋四緣則爲四。此中各有三義。謂標。釋。結。

因緣者。隨所從生法。若已從生。今從生。當從生。是法名因緣。

初中因緣者。以因爲緣。故云因。此則因卽緣。故名因緣。非是親疏並舉。名爲因緣。謂所從生者。顯親生義也。又此從生。是果法體。是有爲故。三世攝耳。

次第緣者。前法已滅。次第生。是名次第緣。

二中法已滅者。前心法謝滅也。次第生者。由前心心法雖謝滅。然有開避引導之力。令後心法無間而生。故云次第生。與次第法爲緣故名也。新翻名等無間緣也。此唯心法有。餘皆無也。

緣緣者。隨所念法。若起身業。若起口業。若起心心數法。是名緣緣。

三中緣者。所緣也。以所緣法緣起能緣心心法等。故名緣。則所緣爲緣。故云緣緣。新名所緣緣。釋中所念。則是所緣理實。但起心心法。爲身語二業依止思法上立故亦通舉三業耳。

增上緣者。以有此法故。彼法得生。此法於彼法爲增上緣。

四中。以此法於彼法有增上勝力。故云增上。增上卽緣。故云增上緣。此有二種。一不相礙增上。二勝力助成增上。此文通二。據後而說。

△第三徵破明空於中五。初總標。二別徵。三雙責。四結無。五結宗。

如是四緣。皆因中無果。

△別中。初以緣奪因。明因中無。

若因中有果者。應離諸緣而有果。而實離緣無果。

△二以因奪緣明緣中無。

若緣中有果者。應離因而有果。而實離因無果。

△三若於下雙徵責。

若於緣及因有果者。應可得。以理推求而不可得。

△四是故下結無。

是故二處俱無。

△五如是一一下結正徵情。

如是一一中無。和合中亦無。云何得言果從緣生。

一一是別責。故廣也。和合是總徵。故略也。

△三破無中三。先立頌。

復次

若果緣中無。而從緣中出。是果何不從

非緣中而出。

頌中上半牒外計。下半以非緣並破。

△後釋顯。

若謂果緣中無。而從緣生者。何故不從非緣生。二俱

無故。

謂外意云。緣中略廣求雖不得。何妨此果從四緣

生。破意云。既緣與非緣同是無果。而得從緣出。何

得不從非緣出耶。立量等可知。

△三是故下。結無生。

是故無有因緣能生果者。

△四破緣中二。先標宗。

果不生故。緣亦不生。

謂生果故名緣。果既不生。何得有緣。

△後釋先緣後果者。此是案情求理破。

何以故。以先緣後果故。

謂若先緣無果。是誰緣故非也。

△第五類遣中三。先類結有爲空。

緣果無故。一切有爲法空。

△二無爲空。

有爲法空故。無爲法亦空。

△三我空。

有爲無爲空故。云何有我耶。

是故三空除二我也。

觀相門第四

釋此門四句同前。

△一釋名者。觀破能相及所相法盡。以至眞空。故云也。

△二來意者。前破所相。次破能相。義次第故。是故來也。又執見之者。闇前門緣不生果。或謂相能生法。爲破彼故。而興此門。又以多門顯理使明淨故也。

△三品所明者。破盡三相。令見心無寄。以成正觀故也。

△四釋文中四。初標宗。二立頌。三釋破。四類遣。

復次一切法空。何以故。

有爲及無爲。二法俱無相。以無有相故。

二法則皆空。

頌中初句舉法體。次一句辨相空。下半依相空遣法體。

△三釋中二。先釋標中有爲相空。後釋標中無爲相空。○初中亦二。初有五頌。破薩婆多師。大小相相生成共有因義。後五破大衆部師。以有爲相。自生生他義。○前中亦二。先正破。後破救。○初中先一句立宗。

有爲法不以相成。

謂有爲法不由於相而成彼法故云也。

△二正顯中。先一問答舉相案定。後一問答。以理正破。○初中。先問。後答。

問曰。何等是有爲相。答曰。萬物各有有爲相。如牛。以角峰垂頡。尾端有毛。是爲牛相。如瓶。以底平腹大頸細脣麤。是爲瓶相。如車。以輪軸轅軛。是爲車相。如人。以頭目腹脊肩臂手足。是爲人相。如是生住滅若是有爲法相者。爲是有爲。爲是無爲。

答中先辨諸法各自有體狀。如牛瓶等。不須法外別能相。汝此三相。若是有爲之相者。未知此三相。當體爲是有爲。爲是無爲。若毗曇成實同云三相是有法。毗婆闍提云。有爲之體。不能自固。何能相他。當知三相是無爲法。曇無崛人云。生住二相是有爲法。滅相。是無爲法。是故三相即是亦有爲亦無爲。

△二以理正破中二。先外問受是有爲。

問曰。若是有爲。有何過。

△後內答正破。以無爲及俱。不待破故。是以文中唯破有爲。文中二。先立頌。

答曰。

若生是有爲。　復應有三相。　若生是無爲。

何名有爲相。

上半破三相是有爲。與出無窮過。下半破三相是無爲與出失相過。又釋下半破救。言有爲法體須相。須相更不須者。是則法體須相相法體是有爲相。既不須相相相。應是無爲相。若是無爲。云何爲有爲法作相。故言何名有爲相。釋中順此。

△二釋中二。先釋頌後類遣。○前中先釋上半頌。後釋下半頌。

若生是有爲者。卽應有三相。是三相復應有三相。如是展轉則爲無窮。住滅亦爾。

前中。先釋生。謂一無窮過。如文顯。二若生中有滅則相違。無滅非有爲。是故有滅亦不成。無滅亦不成故生空也。二類住滅亦爾也。

△二若生是無爲下。釋下半頌。亦初釋生有三義。○

一二聚乖違破。

若生是無爲者。云何無爲與有爲作相。

謂滅此有爲方是無爲。極相反故猶如明暗。豈可明與暗爲相。

△二責相失體破。

離生住滅誰能知是生。

謂若是無爲。則無生住滅。離此三相。誰知此有爲法之生耶。

△三復次下無分別破。

復次分別生住滅故有生。無為不可分別。是故無生住滅亦爾。

謂是無為。一際無二。何處有生得異住滅。是故無生。下例於住滅故云亦爾也。

△二類遣中三。一以相無遣法體。

生住滅空故。有為法空。

△二遣無為。

有為法空故。無為法亦空。

△三通結一切。

因有爲故有無爲。有爲無爲法空故。一切法皆空。

△第二破救中。先外救後正破。○初中二。先牒前過。

問曰。汝說三相復有三相。是故無窮。生不應是有爲者。今當說。

△二立理救。於中先頌後釋。

生生之所生。生於彼本生。本生之所生。還生於生生。

頌中救前二難。謂上半救無爲難。以生生之本生故。本生既從生生生。是故非無爲法。下半救無窮過。以本生之生生故。生生既還從本生生。是故無無窮過於中初句舉生生體。以是本生家之所生故云之所生也。次句辨生生之用。下二句反准此知。

△二釋中三。先開法。

法生時通自體七法共生。一法。二生。三住。四滅。五生生。六住住。七滅滅。

△二救過。

是七法中本生除自體能生六法。生生能生本生。本生還生生生。

就救過中本生除自體生六法者。以親生本有爲法體故名本生則本之生故又以生此本名爲生生則生之生故亦名大生小生此大生與六法爲生相唯不與自作相以自大生用小生爲相故大住滅亦爾是故大相通能相大小然唯不自相小相不通相大小然唯相一大以小無力生法少故名爲小大相有力生法多故名爲大如大生中以小生爲生相大住滅爲住滅相大住以小住爲住相大生滅爲生滅相大滅以小滅爲滅相大生住爲生住相若小生中具有三大相小住滅亦爾是故無彼無窮過此則六因之中共有因謂俱時起

故共有更互託故名因此中有共有共有因有共
有而非因若將法體望六相得作共有共有因若
將大生望六法亦是共有共有因大住大滅亦爾
若將小生望大生共有共有因小住望大住小滅
望大滅亦共有共有因小生望五法共有而非因
小住小滅望五法亦然然大小二生彼宗以剎那
頃共相賴起住滅亦爾故無前失也
△三是故下結離過下例住滅
是故三相雖是有爲而非無窮住滅亦如是
△二答曰下正斥破於中二初有二頌明是所無能

破。後一頌。未能無所破。又釋。初二是前後不生破。後一是同時不生破。○前中二頌。一小不生大。

答曰。

若謂是生生。還能生本生。生生從本生。何能生本生。

初則小生在先。大生在後。小生不生大生。若謂生生能生本生。本生不生生生。生生何能生本生。

△二大不生小。

若謂是本生。能生彼生生。本生從彼生。

何能生生生。

後則大生在先。小生在後。大生不生小生。

△後釋頌中二。先牒計總非。

若謂本生能生生生。生生生生已。還生本生。是事不然。

△二釋非所以。

何以故。生生法應生本生。是故名生生。而本生實自未生。云何能生生生。

△二同時破中三。先牒計總非。

若謂生生生時能生本生者。是事亦不然。何以故。

△二立頌正破。

是生生生時。或能生本生。生生尙未生。

何能生本生。

謂上半約情縱。下半就理奪。

△三釋破。

是生生時。或能生本生。而是生生自體未生。不能生本生。

破意云。夫相生之道。必有體能生。無體從生。今言同時爲是俱有爲是俱無。若是俱有何須相生。若是俱無阿誰相生。若一有一無。何得同時。又豈得互生。

△第二破大衆部師計有爲相自生生他。於中二。初牒計總非。

若謂是生生。生時能自生亦生彼。如燈然時能自照亦照彼。是事不然。何以故。

△二以理斥破。此中二。先有四頌破喻。後一頌破法。

○前中四。初一頌明已然不到破。第二頌明然時不到破。第三頌明近遠互從破。第四燈暗反並破。

○初中三。先頌中上半明由無自他所照暗故。下半遂無能照照燈也。

燈中自無闇。　住處亦無暗。　破暗乃名照。

燈爲何所照。

△二釋。

燈體自無暗明所住處亦無暗。若燈中無闇住處亦無闇。云何言燈自照。亦能照彼。破闇故名爲照。燈不自破闇亦不破彼暗。是故燈不自照亦不照彼。

△三是故下結非呵止。並可知。

是故爾先說燈自照亦照彼。生亦如是自生亦生彼者。是事不然。

△第二然時不到破者先問。

問曰。若燈然時能破闇。是故燈中無闇住處亦無闇。

問意云。燈初生時。體未足故。燄內有闇。明未盛故。室中猶昏。燈體漸圓。昏闇斯盡。當知破闇是初生燈。故云然時能破闇。謂自照照彼也。

△二答中先頌。

答曰。

云何燈然時。　而能破於暗。　此燈初然時。

不能及於闇。

上半徵詰。下半正破。謂即此初生燈時。暗已謝滅。是故終無初生之燈與未謝暗俱。以不俱故。亦不及闇。不及闇故。不名破。若及闇亦不破。長行釋可知。

若燈然時不能到暗。若不到暗不應言破暗。

△第三近遠互從破中。初頌。

復次

燈若不及暗。　而能破暗者。　燈在於此間。

則破一切闇。

上半牒計。下半正破。

△後釋中以俱不到爲因有四難。一以近同遠應俱不破。二以遠同近則應俱破。三旣俱不到暗故。破近不破遠。亦應俱不到故。破遠不破近。四旣有破

不破。應有到不到。文中三。初牒計。

若謂燈雖不到暗而力能破暗者。

△二正破。先縱後奪。

此處然燈。應破一切世間暗。俱不及故。而實此間然燈。不能破一切世間闇。

△三結呵。

是故爾說燈雖不及闇。而力能破闇者。是事不然。

△第四相違反並破。於中二。先頌。

復次

若燈能自照。　亦能照於彼。　闇亦應如是。

自蔽亦蔽彼。

頌中上半牒計。下半以暗例破。

△後釋。

若謂燈能自照亦照彼。闇與燈相違。亦應自蔽亦蔽彼。若暗與燈相違。不能自蔽。亦不蔽彼。而言燈能自照亦照彼者。是事不然。是故汝喻非也。

謂明闇正違。明既有照暗之功。暗亦應有障明之力。有此力故。燈不能破闇也。又若燈既自照亦照暗。暗亦應自蔽亦蔽燈。燈若爲闇蔽。豈可能破暗。設彼救云。明是勝故。照他還自照。暗是劣故。蔽自不蔽他。則還難云。明是勝故能違暗。暗是劣故不違明。若使俱相違。何不須相破。通論以俱相違為因亦有四難。一以燈從暗破。燈應不破暗。以俱相違故。如暗不蔽燈。二以暗從燈破。暗定能障燈。亦以相違故。如燈能破暗。三燈旣違於暗。而燈則能破暗。暗不能蔽於燈。亦可暗亦違於燈。而闇則能蔽燈。燈不能破於暗。四若一破一不破。應一違一不違。若暗不違燈。燈中應有闇。闇中應有燈。並可知。文中釋結可知。破喻竟。

△第二破法中二。先牒計。

如生能自生亦生彼者。今當更說。

△後斥破。破中。先頌。

此生若未生。云何能自生。若生已自生。

已生何用生。

頌中略舉自不成生。上半約舉未生破。下半舉已生破。

△後釋。釋中二。先釋一頌。後總結一門。○前中二。先釋生。後例住滅。○前中三。初釋破自生。二釋破生彼。三雙結呵非。○初中三。先案定。

此生未生時。應若生已。生若未生。生。

△二若未生下正破。

若未生而生。未生名未有。云何能自生。若謂生已而生。生已即是生。何須更生。生已更無生。作已更無作。

先約未生破。既未有自。誰能自生。若謂生已下舉已生破。既已生。何須更自生。

△三是故下結。

是故生不自生。

△二若不自生下破生彼。

若生不自生。云何生彼。

自尚不生。況能生彼。

△三汝說下。雙結呵非。

汝說自生亦生彼。是事不然。

△二例住滅可知。

住滅亦如是。

△二是故下。總結一門

是故生住滅是有爲相。是事不然。

△第二破無爲中二。先牒前起後。

生住滅有爲相不成故有爲法空。

謂以相空。例所相亦空。此有爲空故。起後無爲亦空。

△二正破中。先正破。後破救。○前中。初標、

有爲法空故。無爲法亦空。

△後釋。釋中二。初破無爲體。

何以故。滅有爲名無爲涅槃。是故涅槃亦空。

謂明滅却有爲。是則無物。更有何法名作無爲。是故無此無爲法體。又有爲既空。無可滅故。無無爲也。

△二復次下破無爲相。

復次無生無住無滅名無爲相。無生住滅則無法。無法不應作相。

謂無表相。故無無體也。三相既是有爲。無三即是無法。豈以無法爲相。是故無也。

△二若謂下破救於中二。初破當體表相。二破反對顯相。○前中二。初牒計總非。

若謂無相是涅槃相。是事不然。

△二正破。正破中三。初總徵知相。

若無相是涅槃相。以何相故。知是無相。

△二別就有相徵。

若以有相知是無相。云何名無相。

△三別就無相徵。

若以無相知是無相。無相是無。無則不可知。

謂若有則乖宗。若無則失表故。並可知。

△二若謂下。破反對顯相。於中四。先牒計總非。謂先喩後法。

若謂如衆衣皆有相。唯一衣無相。正以無相爲相故。人言取無相衣。如是可知無相衣可取。如是生住滅是有爲相。無生住滅處。當知是無爲相。是故無相是涅槃者。是事不然。

外意如衆衣皆有別記驗之相。唯一衣無記驗相則名此衣名無相衣。非謂無此衣法。但以對衆衣有相說此爲無無爲亦爾。故非是無法。

△二釋破。

何以故。生住滅種種因緣皆空。不得有有爲相。云何因此知無爲。汝得何有爲決定相。知無相處是無爲。

△三是故下結非。

是故汝說衆相衣中無相衣。喻涅槃無相者。是事不然。

△四懸指後破。

又衣喻後第五門中廣說。

謂此後門中破有相無相者是。

△四類遣一切。無不歸空。可知。

是故有爲法皆空。有爲法空故。無爲法亦空。有爲無爲法空故。我亦空。三事空故。一切法皆空。

觀有相無相門第五

四句同前。

△一釋名者。於有無二門。徵遣其相。從是所遣故以爲名。

△二來意者。前門破相。恐猶未悟。故更責可相法中有相故相。無相故相。爲俱故相。是故來也。

△三所明者。有無諸盡。無寄觀空是也。

△四釋文有四。一標。二釋。三結。四類。○初中一切法者。是有爲無爲等一切皆空也。

復次一切法空。

△二釋中二。初徵標略破。後釋頌廣破。○前中。先何以故徵標。

何以故。

謂何以得知一切法空。

△後立頌略釋。於中初句破有相。二破無相。三破俱。四結空。

有相相不相。　無相亦不相。　離彼相不相。

相爲何所相。

△二廣釋中三。先釋破有。二破無。三破俱。○初中三。

先奪令失相破。有標釋可知。

有相事中相不相。何以故。若法先有相。更何用相爲。

△二縱則二相破。謂新舊二相故。

復次若有相事中相得相者。則有二相過。一者先有相。二者相來相。

△三是故下結非。

是故有相事中相無所相。

△二破無中。初標。

無相事中相。實亦無所相。何法名無相。而以有相相。

△後舉事釋顯。

如象有雙牙垂一鼻。頭有三隆。耳如箕。脊如彎弓。腹大而垂。尾端有毛。四脚麤圓。是為象相。若離是相。更無有象可以相相。如馬豎耳垂鬣。四脚同蹄。尾通有毛。若離是相。更無有馬可以相相。

前破有中以執有故無能相。能相無故。亦無所相。此中以執無故無所相。所相無故。亦無能相。是文意也。

△三如是下。釋破俱句。

如是有相中相無所相。無相中相亦無所相。離有相無相更無第三法可以相相。
以離二無第三。故空也。
△三是故下。第三總結非。
是故相無所相。
△四類遣中六。一以相類遣法。有標釋可知。
相無所相故。可相法亦不成。何以故。以相故知是事名可相。以是因緣故相可相俱空。
△二以一類遣多。亦有標釋。
相可相空故。萬物亦空。何以故。離相可相更無有物。

△三以有類遣無。

物無故。非物亦無。以物滅故名無物。若無無物者。何所

滅故名爲無物。

△四以物類遣有爲。

物無物空故。一切有爲法皆空。

△五類遣無爲。

有爲法空故。無爲法亦空。

△六類遣我。

有爲無爲空故。我亦空。

是故成上標宗一切法空也。

觀一異門第六

△初釋名者。以一異是所遣故。又說遣一異以造眞空。故以爲門。

△二來意者。前以有無破相可相已盡。但以更有一異門重破。使執心永盡。正理堅固。是故結相可相一異及俱而重破也。

△三所明者。以破相可相一異俱盡。令觀心照理故也。

△四釋文中二。先一句標宗。

復次一切法空。何以故。

△後釋破。破中二。先正破。後破救。○初中三。先頌。

相及與可相。一異不可得。若無有一異。

是二云何成。

上半破一異。下半破相可相。亦是結無。

△二釋。

是相可相。若一不可得。異亦不可得。若一異不可得。

是二則不成。

謂若一。則相無能表。同所相故。若異。不成表。不相因故。同餘法故。故云一異不可得者。一異不可得下。釋下半可知。

△三是故下類遣結宗。

是故相可相皆空。相可相空故。一切法皆空。

△二破救中二。先外救。後釋破。救中以聞相法俱空。執情靡據。故將形似之事。類救二關。又向釋須遣事無不周。但人情多惑。故須假說外救。廣破所迷。於中三。初牒破驚呵。二立相救法。三結破不然。

問曰。相可相常成。何故不成。汝說相可相一異不可得。今當說。

△第二立相救中二。先開三章。則翻上三句。

凡物或相卽是可相。或相異可相。或少分是相。餘是可相。

△後釋三事則爲三段。初釋一中二。初舉識受二例。

如識相是識。離所用識更無識。如受相是受。離所用受更無受。

如識以了別爲相。亦以了別爲體。受亦如是。

△二如是下。結宗。

如是等相。卽是可相。

△二釋異中亦二。初舉滅信二例。

如佛說滅愛名涅槃。愛是有爲有漏法。滅是無爲無漏法。如信者有三相。樂親近善人。樂欲聽法。樂行布施。是三事身口業故色陰所攝。信是心數法故行陰所攝。

前中。初外謂愛滅異於涅槃。後以三事在身口。屬色蘊。信是心法。屬識蘊。外見有此三。知內有信心。是故色與心作相。故知異。

△後是名下結。

是名相與可相異。

△三釋亦一亦異中二。初舉二例。後結。○初中先舉正見例。

如正見是道相。於道是少分。

謂如正見是道體。故少分是可相。復是八正中道支。故少分是能相。又正見是慧。正是道諦通體。然是八中一數。故云少分。是通故是能相。是別故爲可相。

△二舉三相例。

又生住滅是有爲相。於有爲法是少分。

謂約小乘七十五法分爲二聚。前七十二是有爲。後三是無爲。就有爲聚中生住滅三通與一切有爲法作相。自體復是有爲法中數內少分。是故若與所相有爲不是異者。不應於此有爲法中開說此三。若與有爲不是一者。自應非是有爲法攝。是故當知亦一亦異。

△後如是下結。

如是於可相中少分名相。

△三是故或相下。總結非破可知。

是故或相卽可相。或相異可相。或可相少分爲相。汝言一異不成故。相可相不成者。是事不然。

△第二釋破中破上三計。文則爲三。○初破一中亦三。初法無自表破。於中三。先牒執總非。

答曰。汝說或相是可相如識等。是事不然。

△二釋非所以。
何以故以相可知名可相。所用者名爲相。凡物不能
自知。如指不能自觸。如眼不能自見。
就釋中。謂所相必以相而知。故名爲可相。所用表
示者。名爲相也。是故相所相是非一。若一自能表
示者。指應自觸等。反詰責也。
△三是故下。結非呵止。
是故汝說識卽是相可相。是事不然。
△二復次下。相失能所破。
復次若相卽是可相者。不應分別是相是可相。若分

別是相是可相者。不應言相即是可相。

若是一者謂不應分別此是相。此是可相。若泯分別者。汝應是顛倒有言無義故。

△三復次下。因果雜亂破。於中先標。

復次若相即是可相者因果則一。

△次釋

何以故相是因。可相是果。是二則一。而實不一。

△後結並可知。

是故相即是可相。是事不然。

△二破異中二。先正破。後破救。○初中二。先牒計總

非。

汝說相異可相者。是亦不然。

△後別破釋非。於中初別破二倒。後總示無窮。○前中先破初倒。

汝說滅愛是涅槃相。不說愛是涅槃相。若說愛是涅槃相。應言相可相異。若言滅愛是涅槃相者。則不得言相可相異。

謂愛滅則無相。愛有復非涅槃相。

△二破信者相有二。初無異破。

又汝說信者有三相俱不異信。

謂有詐善之人。實無信心。而亦詐現有此三相。豈亦有信以與信者不殊。故云俱不異信。又此論意似將三事與信不殊。故云不異。以破其異。云云。

△二不定破。

若無信則無此三事。是故不得言相可相異。

謂汝以三事知有信。則信是可相。三是能相。今更以理推。乃由有信故。始能作此三事。是故三事反是可相。故云無信無三事。又責云。汝未施等前。有此信心不。若有。以何相而知。若無。後依何起施。故云也。

△二示無窮破。

又相可相異者。相更復應有相。則爲無窮。是事不然。

是故相可相不得異。

可相定有爲別有能相法。能相是有爲應亦別有能相法。如是則無窮。

△二破救中。先救。

問曰。如燈能自照亦能照彼。如是相能自相亦能相彼。

△後破破中二。先指同前破。後自語相違破。又亦可先破喻。

答曰。汝說燈喻。三有為相中已破。

△後破法。可知。

又自違先說。汝上言相可相異。而今言相自能相亦能相彼。是事不然。

△三破俱句中。初標非。

又汝說可相中少分是相者。是事不然。

△後釋破。

何以故。此義或在一中。或在異中。一異義先已破故。

當知少分相亦破。

謂指同上二門破。以不離一異故。

△三如是下結非。

如是種種因緣相可相。一一不可得。異不可得。更無第三法成相可相。

△四是故下類遣可知。

是故相可相俱空。是二空故。一切法皆空。

觀有無門第七

△一釋名者。生住是有。滅相是無。求此有無理不成。故以爲門也。

△二來意者。以一異門重顯。令理堅故。除盡執見故。此通來也。別者。前約相可相破。此就所相中相違

破。故來也。

△三所明者。謂就四相中有無自相違。不得同一念。則失有爲法。以辨眞空。令成正觀故也。

△四釋文中四。一標。二釋。三結。四類。○初中二。先長行生起有標釋。

復次一切法空。何以故。有無一時不可得。非一時亦不可得。

△後立頌略辨。以薩婆多宗立四相體同時具。以成有爲故。用先後發。以離相違故。破意云。先後非有爲。同體相違失。又成唯識中。前三同一念。後念方

至滅爾者壞有爲。一一念中。以相不具故。

如說

有無一時無。　離無有亦無。　不離無有有。

有則應常無。

頌中。初句破同時。次句破先後。謂離滅相之無。令生住之有亦不得有。故云離無有亦無也。以非有爲故。下二句釋初句頌。以生住之有。不離滅相之無故。則有當爲無所害。故恒是無也。又亦應云。不離有有無。無則應常有。又亦應有釋上第二句先後討云。若離無有有有則非有爲。但爲頌迮故也。

△二釋中二。初正破。後破救。○前中四。一釋初句頌。有無性相違。一法中不應共有。如生時無死。死時無生。是事中論中已說。

如中論中成壞品云。離成及共成。是中無有壞。離壞及共壞。是中亦無成。

△二若謂下。釋第二句頌。於中二。先牒執總非。

若謂離無有有無過者。是事不然。

△二釋非。

何以故。離無云何有有。如先說法生時通自體七法共生。如阿毗曇中說。有與無常共生。無常是滅相。故名無是故離無有則不生。
七法內滅相是無。餘皆是有。又有是法體。共無常相生。無常中既具滅。明知離此無有不得生。
△三若不離下。釋下二句頌。於中三。初舉失。
若不離無常有有生者。有則常無。
△後轉釋。
若有常無者。初無有住。常是壞故。而實有住。
轉釋中以不離滅無故。此有常是無。以初生即壞滅。不能得至住。故云初無等也。又不會暫有住故云也。

△三結非。可知。

是故有不常無。

△四若離下。釋頌中所應有文。

若離無常有有生者。是亦不然。何以故。離無常。有實不生。

以離無常滅相等而有有爲法生等者。皆不可也。

△第二破救中二。先外救。後釋破。救中三。初立體同時。故無上不生之過。

問曰。有生時。已有無常而未發。滅時乃發壞是有

△二如是下。釋五事。明用前後故。

如是生。住。滅。老。得。皆待持而發。有起時。生爲用。令有生。生滅中間。住爲用。持是有。滅時。無常爲用。滅是有。老變生至住。變住至滅。無常則壞得常。令四事成就。謂勢用有時。豈容有常無之責。又生制滅不令斷。住能制生不令增。滅制住不令分。異通前後謂變生至住等。又彼計一剎那中。剎那初是生相用。剎那次是住相用。剎那後是滅相用。故用有前後也。言得者。是此四通名。不相應行法。前得等。如繩繫物等。謂大小相得。令四相常成就。

△三是故下。結非。

是故法雖與無常共生有非常無。

△二正破中先破體同時具後破用前後發。○初中先破生滅後破住老。○前中二先易奪互失破。

答曰汝說無常是滅相與有共生生時有應壞壞時有應生。

△二復次下明相違俱失破有標釋可知。

復次生滅俱無何以故滅時不應有生生時不應有滅生滅相違故。

△二破住老中先標後釋亦有易奪相違破。

復次汝法無常與住共生有壞時應無住若住則無

壞。何以故。住壞相違故。老時無住。住時無老。

△三是故下。總結錯亂。有標釋。可知。

是故汝說生住滅老無常得本來共生。是則錯亂。何以故。是有若與無常共生。無常是壞相。凡物生時無壞相。住時亦無壞相爾時非是無無常相耶。

△二如能識下。破用前後發。於中三。初舉事例破。

如能識故名識。不能識則無識相。能受故名受。不能受則無受相。能念故名念。不能念則無念相。起是生相。不起則非生相。攝持是住相。不攝持則非住相。轉變是老相。不轉變則非老相。壽命滅是死相。壽命不滅則非死相。

謂彼外計云。生時雖已有壞體而未發滅時方發者。破云。如不能識。則不名識。餘六亦爾。如是不能壞生。不名有滅。

△二舉法示過。於中初舉法。

如是壞是無常相。離壞非無常相。

△二若生住下示過。

若生住時雖有無常。不能壞有。後能壞有者。何用共生為。如是應隨有壞時乃有無常。

謂先無用後失無過。

△三是故下結非。

是故無常雖共生後乃壞有者。是事不然。

△第三如是下。總結成。

如是有無共不成。不共亦不成。是故有無空。

△第四類遣。並可知。

有無空故。一切有爲空。一切有爲空故。無爲亦空。有爲無爲空故。衆生亦空。

十二門論宗致義記卷第三

十二門論宗致義記卷第四

龍樹菩薩造論

姚秦三藏法師鳩摩羅什譯

唐京西大原寺沙門法藏記

觀性門第八

△初釋名者。性是體性。徵責非有。洞契眞空。故爲門也。所遣所託爲名。

△二來意者。通意如前。別者。初三品破法。次四門破能相。今更破體性。故來也。又外人執義有二種。一是事。二是性。性據未成。事據現在。前有無門破現

在事不立。但執情難祛。謂諸法未成先有體性藉現因緣起性成事。若爾。諸法還立。何得云一切法空。此門破彼。故次來也。又上來破相外人云。謂外相雖亡。內性猶實。爲破此計。故有此門來也。

△三所明者。破性明空。觀心無寄。以成正觀故也。

△四釋文四。一標。二釋。三結。四類。

復次一切法空。

△二釋中三。初生起。二立頌。三釋頌。

何以故。諸法無性故。如說。

見有變異相。　諸法無有性。　無性法亦無。

諸法皆空故。

頌中上半破有性。下半破無性

△三釋中二。先釋破有性。後破無性。○前中三。先破自。二破他。三雙結。○初中二。先正破。後破救。○初中三。先變異乖性破。

諸法若有性。則不應變異。而見一切法皆變異。是故當知諸法無性。

破意汝若未成先有性者。夫性是不改爲義。汝許變異。性義安在。故云也。

△二緣作失性破。初順釋。

復次若諸法有定性。則不應從衆緣生。若性從衆緣生者。性卽是作法。

謂性有天眞。豈假緣成。今旣緣作。明非性有。

△二不作下。反釋。

不作法不因待他名爲性。

謂不作名性。故知作則非也。

△三是故下。結宗。

是故一切法空。

△二破救中二。先外人牒破示過難。後論主開章還過答。○初中外人聞現在事法已被責破。未成體

性又被破盡。則起智見。以過論主為大邪見。文中二。初牒破示過。

問曰。若一切法空。則無生無滅。若無生滅則無苦諦。若無苦諦。則無集諦。若無苦集諦。則無滅諦。若無苦滅。則無至苦滅道。若諸法空無性。則無四聖諦。無四聖諦故。亦無四沙門果。無四沙門果故。則無賢聖。是事無故。佛法僧亦無。世間法皆亦無。

外以生滅無常為苦諦故。餘文可解。

△二是事下。結非呵止。

是事不然。是故諸法不應盡空。

△後答中五。初舉二諦法。先列名。

答曰。有二諦。一世諦。二第一義諦。

△後依俗得眞。

因世諦得說第一義諦。若不因世諦。則不得說第一義諦。若不得第一義諦。則不得涅槃。

謂聖說俗諦因緣之法。擬於此法上令會無性以得眞空。故說俗諦。非謂存此俗諦而不入眞。故云也。

△二若人下。明知法之益。於中初知諦成二利。

若人不知二諦。則不知自利他利共利。

謂依俗說眞爲利他。照眞得果爲自利。又二利一行成者。是共也。

△二明二諦相資。以不二而二故。

如是若知世諦。則知第一義諦。知第一義諦。則知世諦。

此明正知法益。

△三汝今下。明迷法之失。

汝今聞說世諦。謂是第一義諦。是故墮在失處。

謂汝聞說蘊界等法。不知但是世諦虛假。謬取謂爲第一義諦。是故聞破。謂欲自墮失處。反此則無咎矣。

△四釋顯法義。於中先標法甚深。

諸佛因緣法。名爲甚深第一義。

就佛所說因緣法爲深。非汝二乘所說之者。又約佛智論因緣法。方得稱彼因緣之法。故云諸佛因緣法名甚深也。

△二是因緣下。釋成甚深所以。

是因緣法無自性故。我說是空。

又此因緣法。宜應正是俗諦。何故乃云是第一義。釋云。以無自性故。無性而說因緣。是故深也。問。前語外人。汝聞世諦謂是第一義。今論主亦云因緣則是第一義。而與彼何異。答。外人謂因緣之事是第一義。論主以因緣之理爲眞諦。又論主意。凡佛說因緣世諦法。意欲令知無性。以悟眞諦。非謂存此因緣之法。故上云因世諦知第一義。故地論中。隨順觀世諦。則入第一義諦。此之謂也。

△五若諸法下。正還過於彼。

若諸法不從衆緣生。則應各有定性五陰。不應有生滅相五陰。不生不滅。卽無無常。若無無常。則無苦聖諦。若無苦聖諦。則無因緣生法集聖諦。諸法若有定

性。則無苦滅聖諦。何以故。性無變異故。若無苦滅聖
諦。則無至苦滅道。是故若人不受空。則無四聖諦。若
無四聖諦。則無得四聖諦。若無得四聖諦。則無知苦
斷集證滅修道。是事無故。則無四沙門果。無四沙門
果故。則無得向者。若無得向者。則無佛。破因緣法故。
則無法。以無果故。則無僧。若無佛法僧。則無三寶。若
無三寶。則壞世俗法。此則不然。是故一切法空。復次
若諸法有定性。則無生無滅無罪無福。無罪福果報。
世間常是一相。是故當知諸法無性。
謂若有性。則不從緣。不從緣故。則無諸法。是故中

論云。以有空義故。一切法得成若無空義者。一切法不成。又應知有多諸過患。汝自不知。反來咎我。故中論云。汝今自有過。而以迴向我。如人乘馬者。自忘其所乘。今此壞六事。還是爾之過。就中六。一壞四諦。二若無四聖諦下。明壞四行。三壞八賢聖。四壞三寶。五壞世俗。六壞因果。並可知。

△二破他性中二。先牒計總徵。

若謂諸法無自性。從他性有者。是亦不然。何以故。

△後正破。破中初形自奪他破。

若無自性。云何從他性有。因自性。有他性故。

謂對自名他。自旣無矣。對誰名他。

△二同自無他破。有標釋可知。

又他性。卽亦是自性。何以故。他性卽是他自性故。若自性不成。他性亦不成。

謂望自還是自。是故自無他亦無。

△三若自性他性下。雙結俱非。

若自性他性不成。離自性他性。何處更有法。

△第三若有不成下。總結成宗。

若有不成。無亦不成。是故今推求無自性無他性。

△第四類遣可知。

無有無無故。一切有爲法空。有爲法空故。無爲法亦空。有爲無爲尚空。何況我耶。

觀因果門第九

△初釋名者。有二義。一借因生果。破果從餘處自然來。二復觀因緣中亦無無果。無果故無因。是故因果俱破。約初義從能破爲名。約後義從所破爲名。

△二來意者。前來雖復廣顯從緣因果無性。而狂惑之徒復謂自然而有。爲破此執。故有此門來。

△三品所明者。此明果法內外俱空。因等皆爾。以成空觀。

△四釋文中三。一標宗。二釋顯。三類遣。○釋中三。先生起。

復次一切法空。何以故。諸法自無性。亦不從餘處來

△二立頌

如說

果於衆緣中。畢竟不可得。亦不餘處來。云何而有果。

上半破內生。下半破外來。又上半牒前諸門緣不生果義。下半正明此門體。但依前起後。故須說也。

△三釋顯中二。先釋。後結。○釋中二。先釋上半。破緣

內有生同前。

衆緣若一一中若和合中俱無果如先說。

△二釋下半頌破餘處自然來等。

又是果不從餘處來若餘處來者則不從因緣生亦無衆緣和合功。

謂有計微塵世性時方自在天等所造今破若爾則不從緣生緣亦無和合功力是故不從外來。

△二若果衆緣中無下總結性空。

若果衆緣中無亦不從餘處來者是卽爲空。

△三類遣並可知。

果空故。一切有為法空。有為法空故。無為法亦空。有為無為尚空。何況我耶。

觀作者門第十

△初釋名者。於自他四處求作之者不得。故以為名。

△二來意者。前略以內外求。今廣於四處求。故來也。又一說。上來九品已一徧破因果。自下三品是第二徧破因果。與前何異者。前廣此略故也。初二品破能生。後一破所生。故來也。

△三品所明者。破此四作有二門。一顯所破亦二。初約外道就人。一我作。二自在天作。三如劫初。一男

一女共生衆生是共作四如無因外道等執自然生等是無因作如烏烏非染等二約小乘就法一自分因生二報因因是善惡果是無記故是他也三如共有因謂七法共生四無因作或云經部師無明支前託空而起故亦無因云云二能破中亦二初唯遮破如中論及此文二亦遮亦表如地論云因不生緣生故緣不生自因生故不共生無知者故作時不住故不無因生隨順有故又對法論云自種有故不從他待衆緣故非自作無作用故不共生有功能故非無因凡諸緣起亡雙句者已

爲甚深。況總亡四句。是故緣起最極甚深。解云此二論意。以因爲自。用緣爲他。此因與緣相待。故各有二義。一有力義。二無力義。以因無爲緣有。故不自生。以緣無爲因有。故不他生。一有一無無二。故不共生。二有二無不俱。故亦不共生。則由此無性。方得起此不起之果。故不無因。不無如此不自不他不共之因故也。若約顯法性緣起融通無礙門說者。四門俱有作。何者。謂因緣各有三義。一有。二無。三亦有亦無。各別開初義。故自作亦他作。合第三義。故共作。合第二義。故無因作。以各無力故。此同從無住本立一切法。思之可見此後論說。非三論意。但同流類故引說之耳。

△四釋文中三。初標。二釋。三類。

復次一切法空。

△二釋中三。初徵標開章。

何以故。自作。他作。共作。無因作。不可得故。

△二立頌略破。

如說

自作及他作。共作無因作。如是不可得。

是則無有苦。

上牒四門。下牒顯俱非。

△三依章廣釋中二。先釋頌正破。後引教證成。○初中釋四章門則爲四。○就初釋破自作中。初牒非苦自作不然。

立宗。

△二釋破。

何以故。若自作卽自作其體。不得以是事卽作是事。

出因。

△三喻破。

如識不能自識。指不能自觸。

舉喻。

△四結非。

是故不得言自作。

結宗。

△二釋破他作中二。先正破。後破救。○初中。先標非

他作亦不然。

△二釋破。

他何能作苦。

言他何能作者。謂自尚不能。他何能作。又自既未有。說誰爲他。又離自無別他。故自無無他亦無。故云

何能作也。

△二破救中先救。

問曰。衆緣名爲他。衆緣作苦故名爲他作。云何言不從他作。

救意我以因望果爲他。非是餘法之他。

△後破。破中二。先正破。後如是苦下結非。○破中二。初同果非他破。於中先法。

答曰。若衆緣名爲他者。苦則是衆緣。作是苦從衆緣生。則是衆緣性。若卽是衆緣性。云何名爲他。

△次喩。

如泥餅泥。不名爲他。又如金釧金。不名爲他。

△後合。

苦亦如是。從衆緣生故。衆緣不得名爲他。

謂若合衆緣以成果。豈得緣果爲他也。

△二他無自在破中。初正破。

復次是衆緣。亦不自性有。故不得自在。是故不得言從衆緣生果。

謂此衆緣。旣還藉緣成。是則無自性之有。故不得自在。不得自在故。不能生果。

△後引中論頌。

如中論中說。

果從眾緣生。 是緣不自在。 若緣不自在。

云何緣生果。

△二結。文可知。

如是苦不得從他作自作。

△三破共作中三。一牒非。

共作亦不然。有二過故。

△二正破。

若說自作苦他作苦。則有自作他作過。

謂雙具前二失故。是故指同前。

△三是故下結。

是故共作苦亦不然。

△四破無因作於中二。先牒執總非。

若苦無因生亦不然。有無量過故。

有無量過者。以彼小乘宗亦同不許故。又諸法亂生等故有多過也。

△二引證中四。初舉教。二會意。三外救。四會破。

如經中說。裸形迦葉問佛。苦自作耶。佛默然不答。世尊。若苦不自作者。是他作耶。佛亦不答。世尊。若爾者苦自作他作耶。佛亦不答。世尊。若爾者。苦無因無緣作耶。佛亦不答。

初外以四句存生。不達苦之實性。故佛置而不答。

如是四問。佛皆不答者。當知苦則是空。

二如是下。會意明空。有二種所由。一從緣生故空。二佛不答故空。此中以苦體本無。何處得苦從自他等生。如問兔角為從自他等生耶。若答則墮負。何者。謂若答言不自生等者。彼則謂兔角是有。不從自他生等。若答無此兔角者。他本問從生。不問有無。問異答故亦不然。是故經中問佛。若如來不能答十四難者。何名一切智。佛言。若如來答十四難則非一切智。是故當知不答意者。為明彼法空無故也。

△三外救中三。初非內會意。二釋經顯意。三結非成證。○初中外謂論主都不得佛意。佛何曾言由不答故說苦是空。但佛不答自有別意。別意有二。一但彼衆生宜應不答而得入法。故須不答。何必以明空耶。二為破外道四邪說故。是故須爾。文中破四執則為四。○初舉執會經。

問曰。佛說是經。不說苦是空。隨可度衆生故作是說。是裸形迦葉謂人是苦因有我者說。好醜皆神所作。

神常清淨無有苦惱。所知所解悉皆是神。神作好醜苦樂。還受種種身。以是邪見。故問佛苦自作耶。是故佛不答。

△二苦實非下。以理正破。正破中二。初我同無常破。

於中二。先標。

苦實非是我作。若我是苦因。因我生苦。我卽無常。

△後釋。釋中二。先失能作破。

何以故。若法是因。及從因生法。皆亦無常。

謂若無常。則失我體。無能作也。

△二若我無常下。失所作破。

若我無常。則罪福果報皆悉斷滅。修梵行福報是亦應空。

謂以無所依故也。

△二苦無解脫破。於中二。初標。

若我是苦因。則無解脫。

△二何以故下釋。

何以故。我若作苦。離苦無我能作苦者。以無身故。若無身而能作苦者。得解脫者亦應是苦。如是則無解脫。而實有解脫。是故苦自作不然。

謂若言我作苦者。能須在先。而實離所作苦之前。

無能作苦之我。何以故。以未有所依陰身故。我何處住。若無此陰身。而我獨能作苦者。得解脫者亦是無身有我。亦應常是苦。此是前際無身而作苦。後際亦無身。亦應恒是苦。以無異因故。結文可見。

△二破他作中二。初破。後結。○破中有十五番。初一同體非他破。

他作苦亦不然。離苦何有人而作苦與他。

何有他人造苦授與此人。故云也。

△二因果不相似破。此是邪因不平等因。於中先舉執會經後如實下。以理正破。標釋可知。

復次若他作苦者。則爲是自在天作。如此邪見問故。佛亦不答。而實不從自在天作。何以故。性相違故。如牛子還是牛。若萬物從自在天生。皆應似自在天。是其子故。

△三苦樂相違破。亦是乖失父子破。於中。先正破。

復次若自在天作衆生者。不應以苦與子。是故不應言自在天作苦。

謂是父應與樂。何乃與苦耶。

△後顯救。

問曰。衆生從自在天生。苦樂亦從自在所生。以不識樂因故與其苦。
答曰。若衆生是自在天子者。唯應以樂遮苦。不應與苦。亦應但供養自在天。則滅苦得樂。而實不爾。但自行苦樂因緣。而自受報。非自在天作。
謂若不能生子知恩之心。何名自在能生萬物。又若實能生而故不生者。則是無恩。何所識耶。又愚類供天。則是識恩。何不免苦。猶有貧窮等苦。故知不然也。文中初約情縱破。二而實下。就理奪破可知。
△四不應所作破。

復次彼若自在者。不應有所須。有所須自作。不名自在。若無所須。何用變化作萬物。如小兒戲。

謂彼自在。更何所須。而作衆生等耶。若有所須而作者。是則非自在。若無所須作者。則同小兒戲也。

△五逆窮作者破。

復次若自在作衆生者。誰復作是自在。若自在自作則不然。如物不能自作。若更有作者。則不名自在。

謂自在若自作。衆生亦應爾。自在若他作。則不自在如衆生。二種比量可知。

△六業乖自在破。於中三。先以正徵。

復次若自在是作者。則於作中無有障礙。念卽能作。

△二引邪教。

如自在經說。自在欲作萬物。行諸苦行。卽生諸腹行蟲。復行苦行。生諸飛鳥。復行苦行。生諸人天。

△三破邪教。

若行苦行。初生毒蟲。次生飛鳥。後生人天。當知衆生從業因緣生。不從苦行有。

以待苦行方能作物。明知不自在。又一種苦行。何不一種受果。然乃初作毒蟲等。當知由業。不關邪苦行也。初則以苦行奪自在。後則以正業奪苦行。

可知。

△七徵處失作破。於中三。先按定作處。

復次若自在作萬物者。爲住何處而作萬物。

△二以兩關責。

是住處爲是自在作。爲是他作。

△三釋二作失。初自作不成破。

若自在作者。爲住何處作。若住餘處作餘處復誰作

如是則無窮。

謂處處無窮耳。處謂器世界等。

△二他作乖宗破。

若他作者。則有二自在。是事不然。是故世間萬物非自在所作。

△八求他無力破。

復次若自在作者。何故苦行供養於他。欲令歡喜。從求所願。若苦行求他。當知不自在。

准此。應彼經中說自在處有所求。故非自在。又此文應倒。應云若是自在。何故有人苦行供養從求所願。顯喜與願既受求等。明不自在也。

△九所作不定破。

復次若自在作萬物。初作便定。不應有變。馬則常馬。

人則常人。而今隨業有變。當知非自在所作。

謂如人作車成已。後時不可變作船。自在初作人。此人後時時應作畜等。而實隨業種種轉變。故非自在作也。

△十舉果驗因破。於中初縱破。

復次若自在所作者。即無罪福善惡好醜。皆從自在作故。

謂若自在作。皆應一種。不應有好醜等異。又罪福應俱無。

△二奪破。

而實有罪福。是故非自在所作。

而實有罪福者。以彼此俱許有故。以理奪破也。

△十一憎愛違宗破。

復次若衆生從自在生者。皆應敬愛。如子愛父。而實不爾。有憎有愛。是故當知非自在所作。

謂皆應愛。何得有憎。又以有憎愛惑所縛。故不自在。何能作萬物。

△十二以事驗惑破。

復次若自在作者。何故不盡作樂人。盡作苦人。而有苦者樂者。當知從憎愛生。故不自在。不自在故。非自在所作。

謂何以知彼有憎愛耶。以作苦樂二人。非但作樂故也。又為不能作一類。明不自在。

△十三方便失作破。

復次若自在作者。衆生皆不應有所作。而衆生方便各有所作。是故當知非自在所作。

謂若自在作者。衆生不應更作衣食等事。又作諸善惡業。

△十四無因失果破。於中初縱破。

復次若自在作者。善惡苦樂事不作而自來。如是壞世間法。持戒修梵行。皆無所益。

謂初果無從因得。後因無益果能。

△後以理奪破可知。

而實不爾。是故當知非自在所作。

△十五有無業齊破。於中三。先齊有。

復次若福業因緣故。於衆生中大。餘衆生行福業者亦復應大。何以貴自在。

△二齊無。

若無因緣而自在者。一切衆生亦應自在。而實不爾。當知非自在所作。

△三無窮。

若自在從他而得。則他復從他。如是則無窮。無窮則無因。

無窮則無始。無始則無因。

上皆有比量並可知。

△第二如是等下。結非。

如是等種種因緣。當知萬物非自在生。亦無有自在。

△二如是邪見下。會經意。

如是邪見問他作故。佛亦不答。

△三破共作中。具前二失故。

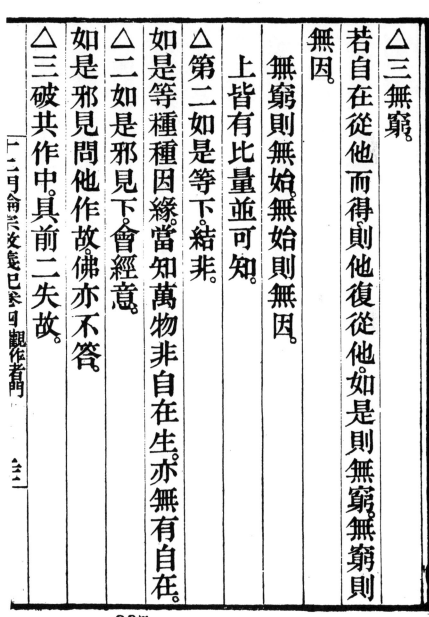

共作亦不然。有二過故。
　如二盲共。不成一見故。
△四破無因。
衆因緣和合生故。不從無因生。佛亦不答。
　以苦從衆緣生。故非無因也。
△三是故下。外人結非論主。爲證不成。
是故此經但破四種邪見。不說苦爲空。
△四答曰下。論主會經顯意。
答曰。佛雖如是說從衆因緣生苦。破四種邪見。卽是
說空。說苦從衆因緣生。卽是說空義。何以故。若從衆

因緣生。則無自性。無自性。卽是空。

何者。謂佛說苦從緣生有二意。一爲破邪見如前說。二爲明苦是空。以苦從緣。必無性故。汝但知一而不知二。又破邪見是淺意。顯眞空是深意。汝但得淺不得深。又明法空是正。破邪見是兼。汝但知兼不知正。文中三。初印淺顯深。二說苦從衆緣下。標起空宗。三何以故下。釋顯空義。

△第三類遣可知。

如苦空。當知有爲無爲及衆生。一切皆空。

觀三時門第十一

△初釋名者。於現已未三時。求法及時。俱不可得。故以爲門。

△二來意者。通意如前。別意前以四句求。今以三時責。故來也。

△三所明者。破法及時。以顯眞空。成觀無寄故也。

△四釋文中三。初標宗。二釋因。三結類。

復次一切法空。

△第二釋中三。初徵標開章。二立頌略顯。三釋頌廣陳。

何以故。因與有因法。前時後時。一時生。不可得故。

初中有因法者是果法。為欲密顯因不先於果．要由果故方說為因。是故說果名為有因。以令因成有。是果法故。

如說

若法先後共。　是皆不成者。　是法從因生。

云何當有成。

二頌中上半舉正理。下半徵情。有謂因果先後共現既不成者。從因生法云何得成．

△三釋中二。先正破。後破救。

先因後有因。是事不然。何以故。若先因後從因生者．

先因時則無有因。與誰爲因。若先有因後因者。無因時有因已成。何用因爲。若因有因一時。是亦無因。如牛角一時生。左右不相因。如是因非是果因。果非是因果。一時生故。是故三時因果皆不可得。

初中釋破三時因果。文則爲三。薩婆多說因先果後。又如來藏中先有果法體。後時待緣扶起。亦是果先因後。又如共有因及成實宗。潤生煩惱與果俱時。亦是因果同時。又如成唯識等。本識中種前滅。卽生後應死。烏能鳴等比量可知。又先有種子因。後方生現行果。亦是先後。又如種子望種子等是先後。又義理望是同時。如俱有義等。今細覈三時並俱不成。縱欲安立。終竟無路。是故因果等法畢竟是空。文並可見。

△二破救中有四。一外人舉宗例破難。二論主反破成宗答。三外人舉現因事難。四徵現無因答。

問曰。汝破因果法。三時中亦不成。若先有破後有可破。則未有可破。是破破誰。若先有可破。而後有破。可破已成。何用破為。若破可破一時。是亦無因。如牛角一時生。左右不相因故。如是破不因可破。可破不因破。

初中外意。以論主因果三時不成生。例論主破可破三時不成破。謂若汝三時得相破。我因果三時還得相生。若汝破可破三時不成破。復亦不得破我義。我義還得立。外意如此

答曰。汝破可破中亦有是過。若諸法空。則無破無可破。我今說空。則成我所說。若我說破可破定有者。應作是難。我不說破可破定有故。不應作是難。

二答中有三。先反宗過。汝今此難。亦負此責。故云汝亦有是過。二助成宗。謂汝若以三時責我能破令無破。我今受汝責。不執有能破。我能破若壞。汝

生義甯存。是故無三時生。無三時破。明知是空。是空故。助成我宗。何得成難。又汝若以三時破我破。汝已受三時不得生竟。已成我義訖。我更無所說。又百論云。破如所破等。又涅槃云。以我不平破汝不平。若平則是我平。皆同此例。故云若諸法空等也。三揀非例。謂若我如汝定執三時生可得。如我責破汝。我今但為汝妄執。是故破汝。於我實無破。是故不例。汝不應難。故云若我說等也。

△三外人舉現因事難。謂前據言說不立。今以眼見為真。於中二。先證有三因。後結非論主。○前中三。

問曰。眼見先時因。如陶師作瓶。

初中。外意以先有陶師爲因。後作瓶爲果。

亦有後時因如因弟子有師。如教化弟子已。後時識知是弟子。

二中。以師爲果。弟子爲因。因作弟子得師名。則持此證有果先因後。

亦有一時因。如燈與明。

三中。如燈明雖一時起。然要因燈有明。是知同時而具有因果。

△二結非論主。可知。

若說前時因後時因一時因不可得。是事不然。

△四論主徵現無因答。於中釋破前三。文則爲三。○

初中先牒計總非。

答曰。如陶師作瓶是喻不然。

△二釋非正破。

何以故。若未有瓶。陶師與誰作因。

△三如陶師下例破餘法。

如陶師。一切前因皆不可得。後時因亦如是不可得。

若未有弟子。誰爲是師。是故後時因亦不可得。

二中標釋結可知。

若說一時因如燈明。是亦同疑因。燈明一時生。云何相因。

三中同疑因者。旣燈明一時有。則必知爲因燈有明。爲因明有燈。由此不定。故曰同疑因。又云燈明一時有。仍以燈爲明因。不得明爲燈因。反責燈明一時有。明旣不能作燈因。燈亦不能作明因。彼竟不能決。故曰同疑因。又品初已破因果一時不立。汝已疑不成。今處引燈明一時爲證。還同前疑。故云也。言燈明等者。決俱非因也。

△三類遣可知。

如是因緣空故。當知一切有為法。無為法。眾生。皆空。

觀生門第十二

△初釋名者。徵破法生。以至無生。故以為門。

△二來意者。前二門偏破能生。此門別破所生。故來也。

△三所明者。無生正觀是此所說。

△四釋文者四。初標。二釋。三結。四類

復次一切法空。

△第二釋中三先徵宗開章。

何以故。生不生。生時不可得故。今生已不生。不生。不生亦不生。生時亦不生。

△二立頌略標。

如說

生果則不生。不生亦不生。離是生不生。

生時亦不生。

△三釋頌廣辨。廣辨中二初釋顯三時。後以理正破。

○釋顯中三。先釋已生不生。於中初正破。後破救。

○前中三。初標。

生名果起出。未生名未起未出。未有生時名始起未成。是中生果不生者。是生生已不生。

△二何以故下釋破。

何以故。有無窮過故。作已更作故。若生生已生第二生。第二生生已生第三生。第三生生已生第四生。如初生生已有第二生。如是生則無窮。是事不然。

謂作無窮破。以前生生已。復生後生。如是乃至第四。顯無窮過也。

△三是故下結不生。

是故生不生。

△二復次下破救。於中先牒救總非。

復次若謂生生已生。所用生生是生不生而生。是事不然。

謂彼外人救前無窮過故。言我雖生已生。然所用生生。是不生而生。非是已生之生故。故但一生。無無窮失。

△二正破中。初破。次例。後結

何以故。初生不生而生。是則二種生。生已而生。不生而生故。汝先定說。而今不定。如作已不應作。燒已不應燒。證已不應證。如是生已不應更生。

初中。初生不生而生者。此是所用生性。是未生生也。以有二生故。前言但有已生生生者。是則不定。若救可還墮前失。故云作已不作等。

△二釋破不生亦不生中二。先正破。後破救。○初中四。初就奪失相破。

是故生法不生。不生法亦不生。何以故。不與生合故。

又一切不生有生過故。

謂若與生法合。不名不生生。若不與生法合。則是無生法。云何名生。故云也。

△二約縱依無爲破。

若不生法生。則離生有生。是則不生。

謂若不生法有生者。涅槃是無生法。亦應作生。虛空等亦爾。

△三壞有爲破。亦是乖位失法破。可知。

若離生有生。則離作有作。離去有去。離食有食。如是則壞世俗法。是事不然。是故不生法不生。

△四無因生法破。

復次若不生法生。一切不生法皆應生。一切凡夫未生阿耨多羅三藐三菩提皆應生。不壞法阿羅漢煩惱不生而生。兔馬等角不生而生。是事不然。是故不應說不生而生。

不壞法阿羅漢。是不動種性。揀去退相羅漢等。以彼宗許退起煩惱非此因故。又凡夫菩提。是應生不生作應生責。羅漢煩惱。是不應生而生作應生責也。

△二破救中。先外救。

問曰。不生而生者如有因緣和合時方作者方便具足。是則不生而生。非一切不生而生。是故不應以一切不生而生爲難。

救意。前論主作不應生而生難。外人不受。故云非一切不生而生。有因緣和合本無今有名生。何得言一向無。我宗中無有二種。一是可有無。二是畢竟無。此二中。我說可有無。何得將畢竟無爲難。如上凡夫菩提未生而生。謂有因緣遇善友等則生也。

△二正破。破中三。先牒救。

答曰。若法生時方作者方便眾緣和合生。

△二徵責。

是中先定有不生。先無亦不生。又有無亦不生。是三種求生不可得。如先說。

就責中。若言不同畢竟無而是可有無者。此等緣中。爲有故生。爲無故生。俱及非等。皆不成生。如前諸門說。

△三結非。

是故不生法不生。生時亦不生。何以故。有生生過。不生而生過故。生時法生分不生。如先說。未生分亦不生。如前說。

△三破生時生中四。一離已未破。標釋可知。

復次若離生有生時。則應生時生。

△二離法無時破。

而實離生無生時。是故生時亦不生。

謂若離生有時。可有生法之能。離生既無時。何有生時生。

△三時法二生破。

復次若人說生時生則有二生。一以生時爲生。二以生時生。無有二法。云何言有二生。是故生時亦不生。

謂旣有生時。復有生法。是則有二生。前句以時無法亦無。此句以法有時亦有。

△四生無行處破。

復次未有生無生時。生於何處行。生若無行處則無生時生。是故生時亦不生。

謂彼生行處。是名生時。旣未有時。生無生也。

△三如是下。總結無生。
如是生不生生時皆不成。
△四類遣中五。一類生遣住滅。
生法不成故。無生。住滅亦如是。
△二遣有爲。
生住滅不成故。則有爲法亦不成。
△三遣無爲。
有爲法不成故。無爲法亦不成。
△四遣衆生。
有爲無爲法不成故。衆生亦不成。

△五總結一切都空。

是故當知一切法無生。畢竟空寂故。

十二門論宗致義記卷四 終

撫州蓮水黃賡虞施資敬刻此論義記連圈計字

四萬二千八百九十九箇伏願

十方三寶加被俾

家慈福體堅剛慧命增長

宣統三年仲夏月　江西刻經處會刊

慈航法師講

十二門論講話

（全一冊）

繼往開來

以佛心爲己心

以師志爲己志

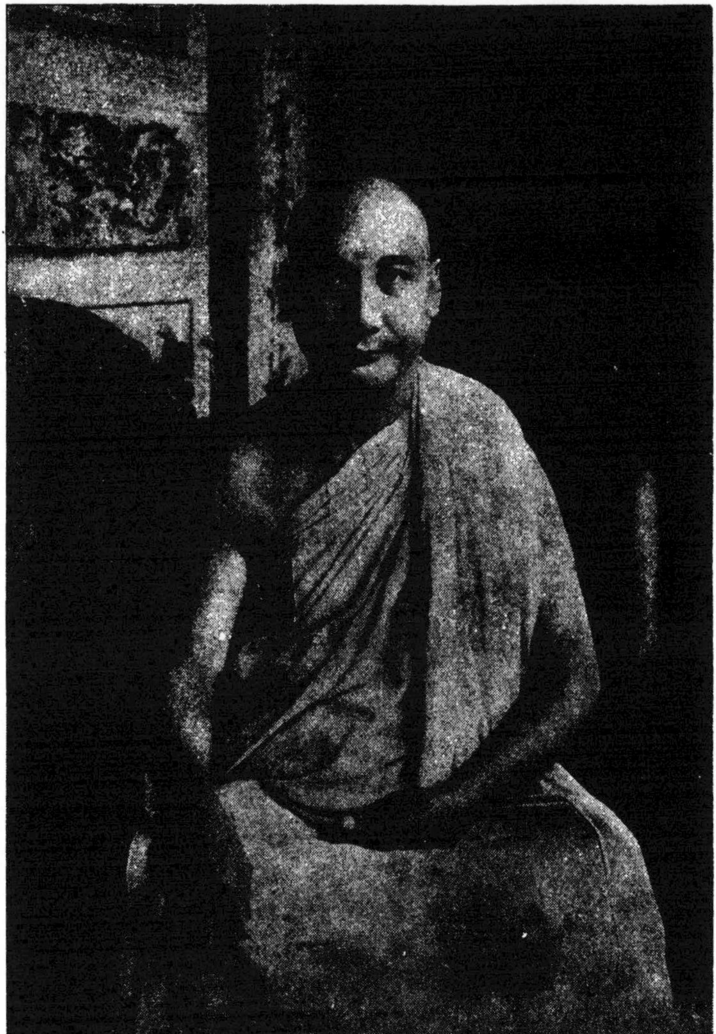

慈航法師德像

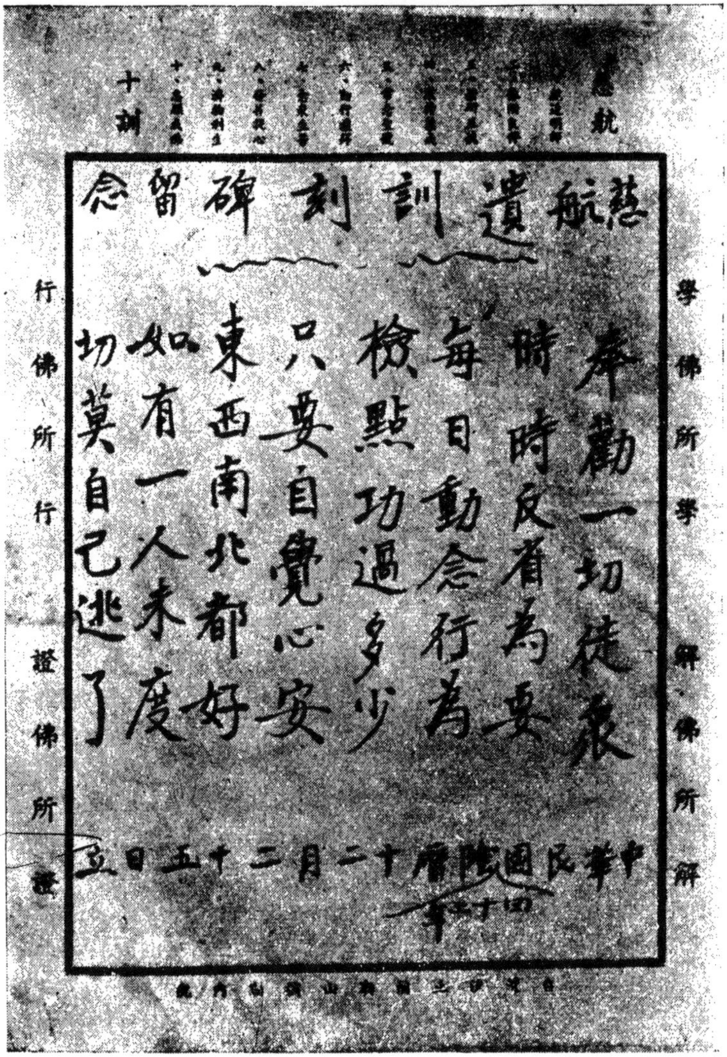

慈航十訓

慈航遺訓刻碑留念

奉勸一切徒衆
時時反省為要
每日動念行為
檢點功過多少
只要自覺心安
東西南北都好
如有一人未度
切莫自己逃了

學佛所學 解佛所解

行佛所行 證佛所證

中華民國四十三年陰曆十二月二十五日立

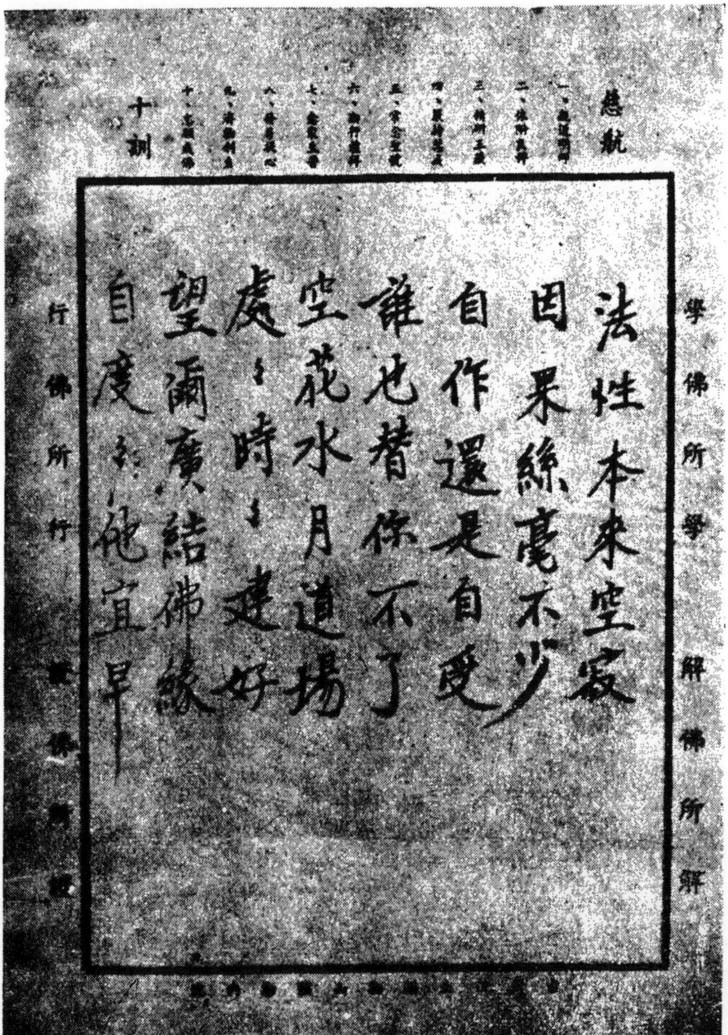
慈航
十訓
學佛所學
解佛所解
法性本來空寂
因果絲毫不少
自作還是自受
誰也替你不了
空花水月道場
處處時時建好
望爾廣結佛緣
自度度他宜早
行佛所行

十二門論講話

講 「十二門論」：「經藏」、「律藏」、「論藏」，向稱爲「佛典三藏」，而「論」、是屬於「論藏」之一種，簡別不是經、律。「論」是詮釋經律，抉擇眞義，假設問答，考覈是非而作。「論」、是通名，「十二門」、是本論之別名。本論約十二門，詮顯其義，故名十二門論。十二門者：一、觀因緣門，二、觀有果無果門，三、觀緣門，四、觀相門，五、觀有相無相門，六、觀一異門，七、觀有無門，八、觀性門，九、觀因果門，十、觀作者門，十一、觀三時門，十二、觀生門。「十二」，是所觀之法；「觀」、是能觀之智，卽別境中之慧心所。門雖分爲十二，約言之，不出三種：一、性空品，卽前三門是；二、無相品，卽中間六門是；三、無作品，卽後三門是；性空、無相、無作，亦卽大乘之三觀正印，三種三昧是也。

龍樹菩薩造

講 「造」、是創造的意思，舊有叫做「述」，新創叫做「造」；龍樹菩薩，依據般若眞空的道理，而對破外道、二乘、權人之執，故造此論。「菩薩」、卽菩提薩埵之簡稱，上求大覺、下化有情的意思。龍樹、是論主之別號，生在佛滅後七百年間，廣創大乘論，以弘揚「緣起性空」之大乘經，如大智度論、中觀論等；他就是造百論的提婆菩薩之師。

姚秦三藏法師鳩摩羅什譯

【講】「譯」、是「易」義，將印度文字語言，而易成中國文字語言，以便受持讀誦。鳩摩羅、是父名，此翻為「童」；什、是母名，此翻為「壽」，合稱「童壽」，以父母為名，印度人之風俗。亦即謂：童年而有壽者之德，少年老成之謂。「法師」、一是自己奉法為師，二是弘法化世為人之師；亦可謂：上弘佛法、下為人師的意義。「三藏」、就是經藏、律藏、論藏。童壽法師，他通達三藏之法，故名「三藏法師」。姚秦、是朝代，簡別不是嬴秦，也不是苻秦。（姚萇弒苻堅稱帝，故又稱後秦。）鳩摩羅什法師，苻堅命呂光將軍伐龜茲，而請法師入關，然苻堅被姚萇所弒——呂光佔據關外，法師亦未入關；後姚萇之子姚興，又伐呂光之子，才迎法師入關，住西京（西安）逍遙園，廣譯經論，故羅什法師對中國佛學宏化，實有莫大因緣。詳見高僧傳所載。

說曰：今當畧解摩訶衍義。問曰：解摩訶衍者，有何義利？答曰：摩訶衍者，是十方三世諸佛甚深法藏，為大功德利根者說。末世衆生薄福鈍根，雖尋經文不能通達，我愍此等，欲令開悟；又欲光闡如來無上大法，是故畧解摩訶衍義。

【講】龍樹菩薩說：我現今要略略解釋「大乘」的義理。自已先來問起：你要解釋「大乘」有甚麼利益呢？自問自答的說：因爲「大乘」的道理，是十方三世諸佛甚深的「法藏」，而爲一類有大福德、有大智慧、功德利根的人來說的。至於佛滅度了五百年以後的末世衆生，他們的福德既很淺薄，根機又是遲鈍，雖然歡喜去研究佛經，還是不能通達明了！我因爲憐愍這一班福薄根鈍的人，想要令他們開悟；同時、也是要光大闡揚如來無上的大法，所以來略略解釋一下「大乘」的義理。

問曰：摩訶衍無量無邊不可稱數，直是佛語，尙不可盡，况從解釋演散其義？

答曰：以是義故，我初言畧解。

【講】這裏先來假設一個問答：意思就是說：「大乘」的道理，是沒有限量和沒有邊際，是不可以說出它的數目來！就是用佛圓滿的智慧也是說不了，何況我們呢？再就佛簡直的說，已經是很多，何況係再來把他解釋將一義來演散多義，豈不是更多了嗎？答的意思，正是因爲佛說得太深，我來淺淺的解釋一下；同時、也就是因爲「大乘」的道理太深太廣，所以我前面說是略解，就是這個意思。

問曰：何故名爲摩訶衍？答曰：摩訶衍者，於二乘爲上，故名大乘；諸佛最大，是乘能至，故名爲大；諸佛大人乘是乘故，故名爲大；又能滅除衆生大苦，與大利益事，故名爲大；又觀世音、得大勢、文殊師利、彌勒菩薩等，是諸大士之所乘故，故名爲大；又以此乘，能盡一切諸法邊底，故名爲大；又如般若經中，佛自說摩訶衍義無量無邊，以是因緣，故名爲大。

講　這裏問答的是「大乘」的意義是甚麼？東爲三種：一、是勝，二、是大，三、是多。開爲七種：一、是因爲「大乘」的教、理、行、果，都在阿羅漢、緣覺以上，所以叫做「大乘」。二、是因爲最大的功德和智慧，莫過於諸佛；如果想達到諸佛的境界，就要學這「大乘」敎理，所以叫做「大」。三、是因爲一切諸佛大人，他們都是學這個「大乘」，所以才叫做「大」。四、是因爲能夠修學這「大乘」的敎理，就能夠滅除九界衆生的「苦」，得到諸佛的「樂」，所以叫做「大」。五、是因爲許多大菩薩，例如觀音、勢至、妙吉祥、慈氏，這許多大士，他們都是修學這「大乘」，所以叫做「大」。諸佛是「果人」，菩薩是「因人」，合起來就是諸佛菩薩功德殊勝；這是以「勝」的意義，來解釋「摩訶衍」。六、是因爲唯有這「大乘」的敎理，才能夠窮盡一切「法相」「法性」的邊底；這是以「大」的意義，來解釋「摩訶衍」。七、是因爲在摩訶般若經裏面，釋迦佛自己說：這「摩訶衍」裏面的義理，是沒有數量，也沒有邊際；這是以「多」的意義，來解釋「摩訶衍」。因爲有了上面種種的因緣——大、多、勝——所以叫做「摩訶衍」——「大乘」。

大分深義，所謂空也。若能通達是義，即通達大乘，具足六波羅密，無所障礙，是故我今但解釋空。解釋空者，當以十二門入於空義。

講 上面講了「大乘」有七種義理，然而究竟這「大乘」是甚麼東西？那就是佛平常所說的這一個「空」字。不過這個「空」、是「大乘」裏面一部份的深義，同時還要知道：這「空」、不是虛空的「空」，也不是空無的「空」，更不是斷滅的「空」，乃是用般若的慧眼，去觀照一切法，本性就是「空」，並不是把物破壞了之後才叫做「空」，乃是當體卽「空」，也就是心經上說的：照見五蘊皆空的「空」。要眞眞把這「空」的道理，澈底的明了，那必須把這部「論」——「十二門」的說法，通同了解之後，自然就會通達這「空」的意義；「空」的意義如果眞是通達了，那也就是通達了「大乘」。試問：通達了「空」的「大乘」有甚麼利益？那就具足了「六波羅密」：這原因就是如果眞是空了「慳貪」的妄念，一定肯「布施」；空了「毀犯」的妄念，一定會「持戒」；空了「瞋恚」的妄念，一定會「忍辱」；空了「懈怠」的妄念，一定會「精進」；空了「散亂」的妄念，一定會「禪定」；空了「愚癡」的妄念，一定會修學「般若」；因爲這慳貪等六蔽，都是從妄念而有，「本性」中只有無量無邊的「善法」，所以只要通達了「大乘」的「空」義，「六波羅密」是無所障礙的。所以龍樹菩薩只要造論解釋這「空」的眞義，就可以從「解」起「行」而圓成佛果。現在因爲要解釋這「空」的意義，所以應當分做「十二門」來解釋，才能夠令一班人悟入這「大乘」的「空」義。

觀因緣門第一

初是因緣門，所謂：

衆緣所生法，是即無自性，若無自性者，云何有是法？

衆緣所生法有二種：一者內，二者外。衆緣亦有二種：一者內，二者外。外因緣者，如泥團、轉繩、陶師等和合故有瓶生；又如縷綖、機杼、織師等和合故有氎生；又如治地、築基、梁、椽、泥、草、人功等和合故有舍生；又如酪器、鑽搖、人功等和合故有酥生；又如種子、地、水、火、風、虛空、時節、人功等和合故有芽生；當知外緣等法皆亦如是。

講 凡是我自己親手寫的東西，都是以初發心看經者爲對象；只是幫助他們能夠看得懂正文爲目的。至於內容深廣的意義，可請看別種註解；所以我對於門和頌文不想過細來解釋，因爲「門」、是這一門的題目，「頌」、有長行來解釋，所以我只把長行的文字順一順，就算了事；這是我對讀者先來一個申明。

「觀」、是觀察，就是「能觀」之「智」，「因緣」、是「所觀」之「理」，「門」、是通的意義。由觀察這「因緣」的道理，就可以通達「大乘空」的意義。門分十二，此門居首，故名第一。

現在、先說「因緣」這一門，所謂：凡是由衆多「因緣」所成功的「事物」，都是沒有固定、一成不變、實在的「本體」。設若沒有一個固定不變的「本體」，那里還有甚麽一種實在的「事物」呢？這是頌文的大意，下面有長行會詳細來解釋。

「衆緣」所生的「事物」，有兩種：一種是身內的事物，叫做「根身」。一種是身外的事物，叫做「器界」。不但是「所生」的「事物」有兩種，就是「能生」的「衆緣」，也有兩種：一種是世間上的人，說的外面物質上的「因緣」；一種是佛學上說的「十二因緣」。現在先來說說外物的因緣：

（一）例如：由泥團同繩索，以及燒窰的工人，由這幾種「因緣」和合，才會成功一個花瓶。

（二）例如：由紗線和織機，以及織布的工人，由這幾種「因緣」和合，才可以成一匹布。

（三）例如：由地基、樑柱、泥草、磚瓦、木匠工人等的「因緣」和合，才有一座房屋。

（四）例如：由乳酪、器具、方法，以及人功的「因緣」和合，才可以成功酥油。

（五）例如：由種子、土地、水分、陽光、空氣時節，以及人功，種種「因緣」和合，才有芽生起來。舉出了上面這幾種東西，我們就可以知道：一切「外因緣」等法，都是一樣，從「因緣」所生，「緣生」所以「性空」。

內因緣者：所謂無明、行、識、名色、六入、觸、受、愛、取、有、生、老死，各各先因而後生。如是內外諸法皆從衆緣生，從衆緣生故，即非是無性耶。

講　上面是說的「外因緣」，現在來說「內因緣」。佛教三乘教典上，常說到惑、業、苦的「十二因緣」：由愚癡不覺的迷惑，而造有漏三性的行爲，所以成爲「業識」，而去受胎，結成了心物名色的胎兒，就有了眼、耳、鼻、舌、身、意的「六根」，而同色、聲、香、味、觸、法外面的「六塵」來接觸，就會領受外面順、逆的境界，而生起愛、憎兩種觀念，不期然就會有取、捨的行爲；這樣一來，「三有」的「因」既然種好了，而「三界生死」的「果報」當然會成功；而接着的憂、悲、苦、惱，也就一齊來了！這不消說得前爲「因」，後爲「果」，如環無端，無始流轉，這就叫做「內因緣」。把上面這內、外、法用智慧去觀察一下，就會發現宇宙萬有、森羅萬象一切法，都不能離開了這「衆緣」；既是「衆緣」所生，故知每一法，豈不是沒有一成不變固定的「自性」嗎？

若法自性無，他性亦無，自他亦無。何以故？因他性故無自性。若謂以他性故有者，則牛以馬性有，馬以牛性有，梨以柰性有，柰以梨性有，餘皆應爾，而實不然。若謂不以他性故有，但因他故有者，是亦不然。何以故？若以蒲故有席者，則蒲、席一體，不名爲他；若謂蒲於席爲他者，不得言以蒲故有席。又蒲亦無自性。何以故？蒲亦從衆緣出，故無自性。無自性故，不得言以蒲性故有席。是故席不應以蒲爲體。餘瓶、酥等，外因緣生法，皆亦如是不可得。

講 設有一件「事物」，自己既然沒有「本體」，那末，「他性」也是一樣沒有「本體」；甚麼原故呢？因爲這一法生起，既然是由他法「衆緣」來幫助，可見離開了「衆緣」的「他法」，「此法」就沒有了「自體」，這個道理是很容易知道的。

設若說：「此法」是「他法」而有的話，那末，豈不是好像：牛是因馬性有，馬也是因牛性有；梨是因蘋果而有，蘋果也是因梨而有的嗎？牛馬梨柰既然不可以用「他法」爲「自性」，那末，其餘的一切法都是一樣。

設若又說：我不是用「他性」故有「此法」，乃是用「他法」故有「此法」，這種說法，也是不對！甚麼原故呢？設若你說：好像因爲有了蒲草的「他法」，才有蓆子的「此法」，然而你要知道：蒲和蓆是一體，不是兩個東西，怎樣可說蒲是「他」，蓆是「自」呢？要有兩個人，才有自他，一個人，不可以叫做自他，蒲和蓆、不是兩樣東西，所以不能以蒲來當做蓆子的「他」，這道理先要明白！

設若你再說：蒲對蓆可以說是「他」，那末，就不可以說，因蒲而有蓆。好像說：因水而有火，或者因冰而有炭的大笑話。

其實、不但蓆沒有「自性」，就是蒲也是沒有「自性」，這是甚麼原因呢？因爲蒲的本身，也是從「衆緣」而有，既是從「衆緣」而有，那末，離開了「衆緣」，蒲、當然也就沒有固定不變的「本體」了。蒲、自己的本身，尙且沒有「自性」，怎樣可以說：因蒲的「他」，而有蓆的「自」呢？那就好像說：因有龜毛的「他」，而有兔角的「自」，一樣的大笑話！明白了這個意義，我們就可以知道：蓆子的「自」，不應當用蒲草的「他」來做「本體」！蓆子是這樣，其餘的瓶不以泥團爲「體」，酥不以乳酪爲「體」，所以一切「外因緣」法所生的「事物」，都是同上面幾個事例一樣，是「不可得」的。以上的目的，就是要破除「自性和他性」，都是「不可得」。

內因緣生法，皆亦如是不可得。如七十論中說：「緣法實無生；若謂爲有生，爲在一心中，爲在多心中」？是十二因緣法，實自無生。若謂有生，爲一心中有？爲衆心中有？若一心中有者，因果即一時共生。又因果一時有，是事不然。何以故？凡物先因後果故。若衆心中有者，十二因緣法，則各各別異。先分共心滅已，後分誰爲因緣，滅法無所有，何得爲因？十二因緣法，若先有者，應若一心，若多心，二俱不然；是故衆緣皆空。緣空故，從緣生法亦空；是故當知：一切有爲法皆空。

講　「十二因緣」，可分爲四類：一、能引，二、所引，三、能生，四、所生。無明、行，是「能引」。識、名色、六入、觸、受，是「所引」。愛、取、有，是「能生」。生、老等，是「所生」。若說是同一刹那心念中有，那就不能說有「能」、有「所」。設若說：是各各不同的前、後念，那又不可說「前」為「後」緣，因為如果「前」「後」脫了節，就不應當「前」「後」有關係了！這是破「內因緣」的大意。

所以說：「外因緣」生法，在前面既然說過了「不可得」，那末，「內因緣」生法，也是一樣「不可得」。這在印度有一部七十論上這麼說：凡是由「因緣」所生的「事物」，都是實在的「無生」。設若你一定要說是「有生」的話，那末，我倒要來請問你一下：是在同一刹那心念中有十二種呢？還是各各前後差別不同的心念中而生呢？兩種說法都是不通，在前面大意上已經說過了。因此，「十二因緣」，「內因緣」法，也是實自「無生」。

所以又來解釋：設若你說是「有生」，還是「因」同「果」一時而有？還是「因」同「果」多時而有？若說「因」同「果」是一時有的話，這道理是不對的！甚麼原因呢？無論甚麼東西，都是先「因」而後「果」，所以說因果同一時是不對的。設若又說因果是多念不同一時的話，那前、後又隔斷了，「前念」既然滅了，怎樣可以做「後念」的「因緣」呢？所以說：「十二因緣」法，設若是先有的話，無論是「一心」或「多心」，都是不對。

把上面的道理，明白了之後，就可以知道：「衆緣」都是「空」的。「衆緣」既然都是「空」，那末，從「衆緣」所生之「法」更是「空」，不說也可以知道。所以應當知道：一切「有爲法」都是「空」的。

有爲法尚空，何況我耶？因五陰、十二入、十八界有爲法，故說有我。如因可然，故說有然；若陰、入、界空，更無有法可說爲我，如無可然，不可說然。如經說：「佛告諸比丘：因我故有我所，若無我，則無我所」。如是有爲法空故，當知無爲涅槃法亦空。何以故？此五陰滅，更不生餘五陰，是名涅槃。五陰本來自空，何所滅故，說名涅槃？又我亦復空，誰得涅槃？復次：無生法名涅槃，若生法成者，無生法亦應成；生法不成，先已說因緣，後當復說；是故生法不成。因生法故名無生；若生法不成，無生法云何成？是故有爲、無爲、及我皆空。

講「五陰」：色、受、想、行、識；「十二入」：六根、六塵；「十八界」：六根、六塵、六識。陰、處、界、「三科」，本來不出色、心、「二法」，有三種說法：一、爲利根者說「五陰」，爲中根者說「十二處」，爲鈍根者說「十八界」。二、爲愛略者說「五陰」，爲愛中者說「十二處」，爲愛廣者說「十八界」。三、爲迷心不迷色者，故開「心」合「色」，說「五陰」；爲迷色不迷心者，故開「色」合「心」，說「十二處」；爲心、色俱迷者，故開「心」開「色」，說「十八界」；故「三科」攝一切世間「有爲法」皆盡。

上面所說的，是「因緣」有爲法，倘且都是「空」，何況由「因緣」假和合所成的「我」，豈有「不空」嗎？因爲有了「三科」色、心的「有爲法」，才說有一個「假和合」的「我」，好像說有一個可燒的東西，才可以說燒；如果沒有可燒的東西，也就不能說甚麼燒？那末，「三科」的實法既然都「沒有」，還說甚麼「我」呢？好像佛經上說：佛告訴一班弟子說：因爲有「我」，才說有我所攝的東西，設若「我」都不可得，那「所攝」和「所用」的附屬品，更不必談了！

明白了「有爲法」既然是「空」，再進一步應當知道「無爲」的「涅槃法」也是「空」了！甚麼原因呢？因爲「涅槃」的意義，就是「五陰」等法滅除了，再不生第二次的「五陰」，這就叫做「涅槃」。然而「五陰」等「因緣法」，本來就是「空」，那有甚麼東西滅了之後才叫做「涅槃」呢？同時要知道：這個假和合的「我」本來就是「空」的，「我」既然都沒有了，試問：叫那一個去「涅槃」呢？

再說說：「無生法」叫做「涅槃」。假若「生」的法能夠成立，那末，「無生法」當然也能夠成立。然而「生」法是不能夠成立的，這在前面講過了許多「因緣」，以後還要再說。因此，我們就知道「生法」是決定不能成立的。因爲一切法都是「對待」說的，有「生法」，才說「無生法」；設若「生法」不成，那「無生法」當然也是不成。因此之故，「有爲法」、「無爲法」，以及這個和合的

「假我」，一切皆「空」。

觀有果無果門第二

復次：諸法不生。何以故？

先有則不生，先無亦不生，有無亦不生，誰當有生者？

若果因中先有則不應生，先無亦不應生，先有無亦不應生。何以故？若果因中先有而生，是則無窮。如果先未生而生者，今生已復應更生。何以故？因中常有故，從是有邊復應更生，是則無窮。

【講】學佛的人，最要緊的，就是要有智慧！因爲有了智慧，才可以用智慧去觀察一切法。前面是觀察「因緣」，現在是觀察在因中「有果無果」。依次第排列起來，此門是屬於第二。前面已經說過了一次諸法是「無生」，現在再來說一次，所以叫做「復次」。怎樣知道一切法是「不生」呢？下面有七種原因：現在先說第一種。就是說：無論你說：「因」中先已經有了「果」，這當然是「不生」；就是「因」中先沒有「果」，也是「不生」。那怕就是你來矯亂說：「因」中亦有「果」、亦無「果」、好不好呢？那也是更不可以「生」！這樣一來，那一法是「有生」呢？這是頌文的大意，下面有長行的解釋。

就是說：設若這個「果」，在「因」中先已經有了，那不應當再有「生」；或者是「因」中先沒有「果」，那更不可以「生」；至於或「有」或「無」，根本上就不能再說「生」！甚麼原因呢？設若在「因」中先就有了「果」的話，那「生了」又「生」，這樣就會犯了無窮無盡的過咎了！如果你說：「果」未「生」，所以現在可以「生」；那末，我也可以說：現今「已生」，將來也可以「更生」；甚麼理由呢？因爲你們自己說的：「因」中常有「果」的原故。所以從這「有」的一邊說：應當生了更生，生了又更生，豈不是「無窮」嗎？

若謂生已更不生，未生而生者，是中無有生理；是故先有而生，是事不然。復次：若因中先有果，而謂未生而生，生已不生者，是亦二俱有。而一生一不生，無有是處。復次：若未生定有者，生已則應無。何以故？生、未生共相違故；生未生相違故，是二作相亦相違。復次：有與無相違，無與有相違，若生已亦有，未生亦有者，則生、未生不應有異。何以故？若有生，生已亦有，未生亦有，如是生、未生有何差別？生、未生無差別，是事不然；是故有不生。復次：有已先成，何用更生？如作已不應作，成已不應成；是故有法不應生。復次：若有生，因中未生時果應可見，而實不可見；如泥中瓶，蒲中席，應可見，而實不可得見；是故有不生。

講 上面有六個「復次」，就是六個原因：一、設若你說：「果法」、「生過」了之後，更不「再生」；沒有「生」的，才會「生」的話，這道理是不能成立！甚麼原因呢？因為，你自己說：無論是「已生」或「未生」，「果」都是在「因」中先有，那末，「生已」既不能「更生」，「未生」也是不應當「生」，所以你說：「因」中先有「果」，而後來才「生出」的話，是不對的。

二、設若你說：「因」中雖然是有「果」，然而，「未生」才可以「生」，「生過」了再不能「生」，這話也是不對的！甚麼原因呢？因為你自己說的：「因」中先已經有了「果」，所以，要「生」、無論是「已生」或「未生」，都是會「生」；要「不生」、無論是「已生」或「未生」，都不能生」；你不可以說：「生」已「不生」，「未生」可以「生」的話，一「生」一「不生」，是沒有這個道理。

三、設若你說：「未生」是決定有「果」，那末，「生了」之後，就應當沒有「果」了！甚麼道理呢？因為，「已生」和「未生」，這二法是相違的，「生」和「未生」既然是相違，那末，兩種作相，當然也是相反的，就是說：「未生」設若是「因」中先有「果」，那末，「生了」之後，反過來應當就沒有「果」了。

四、再來說說：「有」同「無」當然是相違，「無」同「有」也是相違的，設若照你說：「生了」之後還是「有」，「未生」也是「有」，那末，「生」和「未生」，就不應當有「果」啊！甚麽原因呢？因爲，你自己說的：「生巳」也是「有」，「未生」也是「有」，那末，「生」和「未生」，有甚麽地方不同呢？「生」和「未生」，沒有差別的話，恐怕人家不會贊成吧！所以你說：「因」中先有「果」是不對的。

五、再說：「因」中既然先巳經有了「果」，那末，用不着再生「果」，因爲「果」中先巳經有了「果」啊！好像：作了不要再作，成了不要再成，所以，「因」中先有「果」，是不要再生「果」了。

六、再說：你說「因」中先有「果」，然後有「果生」的話，那末，應當有甚麽事實來證明，「因」中巳經先有了「果」，可以看得見嗎？好像：泥中先巳經有了瓶，蒲中先巳經有了蓆，應當可以看得見啊！而事實上是看不見的，所以，「因」中先有「果」的道理，是不能夠成立。這「六過」連上面第一種的「無窮過」，一共犯了「七種過」，所以，「因」中先有「果」，而後能生「果」的話，是不對的。

問曰：果雖先有，以未變，故不見。答曰：若瓶未生時，瓶體未變故不見者，以何相知，言泥中先有瓶？爲以瓶相有瓶，爲以牛相、馬相故有瓶耶？若泥中無瓶相者，亦無牛相、馬相，是豈不名無耶？是故汝說因中先有果而生者，是事不然。

講 問：「果」、雖然在「因」中先已經有了，不過是，因爲還沒有「變」，所以看不見！答：譬如說：瓶、未生時，因爲瓶體還未變，所以不可見。那末，你因爲甚麼相狀知道，來說泥中先有瓶呢？還是因瓶相，而知道泥中有瓶呢？還是因牛相和馬相，所以知道泥中有瓶呢？設若泥中沒有瓶相，也沒有牛相和馬相，那豈不是泥中一相都沒有嗎？所以你說：「因」中先有「果」而後生「果」的話，是不對的。

復次：變法即是果者，即應因中先有變。何以故？汝法因中先有果故。若瓶等先有，變亦先有，應當可見，而實不可得，是故汝言未變故不見，是事不然。

講 這一段是破他的「變法」與「果」同時有。就是說：你們說的「變法」如果就是「果」的話，那末，「因」中既然先有「果」，也就是應當「因」中先有「變」，甚麼原因呢？你們自己說的：「因」中先有「果」，所以應當「因」中先有「變」，那末，好像瓶等在泥團「因」中已經先有了瓶「果」，那「變」也就在「因」中先有「變法」了。既然「變法」在「因」中已經先有了，就應當可見，而事實上是不可見，所以你們說：「未變」故「不見」，在事理上看起來，是不對的。

若謂未變不名爲果，則果畢竟不可得。何以故？是變先無，後亦應無，故瓶等果畢竟不可得。若謂變已是果者，則因中先無，如是則不定：或因中先有果，或先無果。

講 設若你說：因爲「未變」所以不叫做「果」，那末，照這樣說起來，這「果」、是永遠不可得！甚麼原因呢？因爲這個「變」，在「因」中先沒有，後來也是沒有；所以瓶等的「果」，是永遠「不可得」。

設若你又說：「未變」時雖然是沒有「果」，然而「變了」之後，可以叫做「果」，那末，「因」中先沒有「果」，「未變」是沒有，「變了」是有，那就成了不定；或「因」中先有「果」，因爲變出來了；或「因」中先無「果」，因爲沒有變出來。

問曰：先有變，但不可得見。凡物自有，有而不可得見者，如物或有近而不可知；或有遠而不可知；或根壞故不可知；或心不住故不可知；障故不可知；同故不可知；勝故不可知；微細故不可知。近而不可知者，如眼中藥。遠而不可知者，如鳥飛虛空高翔遠逝。根壞故不可知者，如盲不見色，聾不聞聲，鼻塞不聞香，口爽不知味，身頑不知觸，心狂不知實。心不住故不可知者，如心在色等則不知聲。障故不可知者，如地障大水，壁障外物。同故不可知者，如黑上墨點。勝故不可知者，如有鐘鼓音，不聞捎拂聲。細微故不可知者，如微塵等不現。如是諸法雖有，以八因緣故不可知！汝說因中變不可得，瓶等不可得者，是事不然。何以故？是事雖有，以八因緣故不可得。

講 問：「因」中先已經有了「變」，但是不可得見而已！因爲，有一種物，雖然是有「自體」，然而不可得見，是有八種原因：

一、好像有一種物：因爲「太近」了的原故，所以不可知，這好像眼睛裏面的藥。

二、東西雖然是有，然而又因爲「太遠」了，所以，又是不可知，這好像鳥雀一樣，在虛空中飛得遠遠，你還是看不見。

三、不但是「太近」或「太遠」看不見，如果眼睛壞了，就不能見；耳朵聾了，就不能聽；鼻孔塞了，就不能嗅；舌頭爽了，就不能嚐；身體痲木了，就不能知覺；心識如果顛狂了，就不能如實而知，這都是因爲「根壞」了的原故。

四、還有「心」沒有注意到這件事物上去，也是不能知，這好像心專注意到色相上去了的時候，就不能知道傍邊人說的甚麽話。

五、有「障蔽」的時候，還是不知道！這好像地下面雖然是有水，然而因爲被大地所障蔽，所以看不見下面有水；又好像門外雖然是有物，但是因爲被牆壁所障閉，所以也是看不見，這都是「障故」不可知。

六、還有「相同」的也是不可知，好像在黑板上面，用黑墨去點它一點，怎樣可以知道呢？

七、「勝故」也是不可以知，好像正在擂鐘打鼓的時候，怎樣可以聽到拂塵的音聲呢？

八、「微細故」也是不可以知，好像微塵在衣服上面，也是看不見。

上面這許多東西雖然是「有」，因爲有這「八種因緣」，所以不可知！你龍樹菩薩破我們，說因中變法不可得，瓶等不同不可得的話，是不對的，甚麼原因呢？是事雖然是有，因爲有「八種原因」，所以也是不可得。

答曰：變法及瓶等果，不同八因緣不可得。何以故？若變法及瓶等果，極近不可得者，小遠應可得；極遠不可得者，小近應可得；若根壞不可得者，根淨應可得；若心不住不可得者，心住應可得；若障不可得者，變法及瓶法無障應可得；若同不可得者，異時應可得；若勝不可得者，勝止應可得；若細微不可得者，而瓶等果麤應可得。

講　這是龍樹菩薩駁斥上面的話。意思就是你說：事情雖然是「有」，不過是因爲有「八種因緣」，所以不知。然而，這「變法」及「瓶果」，不同這八因緣不可得啊！怎樣知道呢？設若這「變法」和「瓶果」：

一、「極近」不可得的話，那末，稍微離開一點，總應當可得啊！

二、如果，「極遠」而不可得的話，那末，稍微近一點總可以看得見啊！

三、縱然是「根壞」了固然是不知道，但是根沒有壞，好好的時候，總應該知道才對啊！

四、假使「心」沒有注意，當然是不知道，然而心若是已經注意了的時候，那就應當知道啊！

五、你說：因爲被東西「遮障」住了，所以看不見；然而，這變法以及瓶果，是沒有東西可以遮障它，總應當可以看得見啊！

六、「相同」的東西，固然是不容易看得出，但是不同的東西，好像白布上有了黑點，總該看得見啊！

七、正在撞鐘打鼓，音聲太大了的時候，當然聽不到細聲，然而大聲停止了之後，細聲總該聽到啊！

八、微細的東西，你說看不見，我很相信，然而瓶等「果」是粗色，爲甚麼也看不見呢？所以你們說：「因」中先已經有了「果」，而不可得的話，我是不會相信的。

若瓶細故不可得者，生已亦應不可得。何以故？生已，未生，細相一故。生已，未生，俱定有故。問曰：未生時細，生巳轉粗，是故生已可得，未生不可得。答曰：若爾者，因中則無果。何以故？因中無粗故。又因中先無粗，若因中先有粗者，則不應言細，故不可得；今果是粗，汝言細故不可得，是粗不名為果。今果畢竟不應可得，而果實可得，是故不以細故不可得。如是有法，因中先有果，以八因緣故不可得，先因中有果，是事不然。

講　設若你說：因爲瓶「果」也同「未生」的時候一樣是「細」，所以也是不可得，那末，「生已」也應當是不可得。甚麼原因呢？因爲「生已」和「未生」細相是一樣啊！「生已」和「未生」，都是一定啊！

問：「未生」的時候是「細」，「生了」之後轉「粗」，所以「生已」可得，「未生」是不可得。龍樹菩薩又破他說：設若按你這樣說，那末，「因」中先就沒有「果」，甚麼原因呢？因爲「因」中沒有「粗果」啊！

還有，「因」中先沒有「粗」，設若「因」中先有「粗」，那就不應當說：「細故不可得」。現今「果法」是「粗」，你們說因爲「細」故不可得的話，那末，「粗」的就不能叫做「果」了。現今

「果法」應當是不可得，而在事實上，「果法」又是可得，所以不能因為「細」故是不可得。這樣看起來，你們說：「因」中先有「果」，是由「八種因緣」不可得；你說「因」中先有「果」，是沒有這個道理。

復次：若因中先有果生者，是則因、因相壞；果、果相壞。何以故？如氎在縷，如果在器，但是住處，不名為因。何以故？縷、器非氎、果因故。若因壞，果亦壞，是故縷等非氎等因。因無故，果亦無。何以故？因因故，有果成。因不成，果云何成？

講　這一段文先要明白一個定義：就是說：如果照你們的主張：「因」中已經先有了「果」，那末，這「因」不過是「果」的住處，好像籃子裏面藏了物一樣，這籃子不過是藏物的處所，籃子決不是生物的「因」。

所以說：設若「因」中先有「果」生的話，那末，「因」只是「果」的住處，生「果」的「因」義就失掉了！「因」是對「果」說：「因」的義既然不成，「果」的義也當然不成。所以說：「因果相」都一齊壞了！甚麼理由呢？好像布在紗線之中，和菓子放在器物中一樣，不過是住處罷了！決不能叫做生「果」的主「因」，甚麼原故呢？紗線不是氎布的「因」，好像器物不是果子的「因」是一樣。因為這個道理，所以「因」不能成立，「果」也是不能成立。甚麼理由呢？因為有「因」才有「果」，「因」都沒有，「果」怎樣有呢？

復次：若不作，不名果，縷等因，不能作氎等果。何以故？如縷等不以氎等住故能作氎等果，如是則無因無果。若因果俱無，則不應求因中，若先有果，若先無果。復次：若因中有果而不可得，應有相現，如聞香知有華，聞聲知有鳥，聞笑知有人，見烟知有火，見鵠知有池，如是因中若先有果，應有相現；今果體亦不可得；相亦不可得；如是當知：因中先無果。

講　這都是說「因」中先有「果」。就是說：「能作」才叫做「果」，設若「不作」，就不能叫做「果」。好像說：紗線的「因」，不能作布氎的「果」，甚麼原故呢？如果紗線不作布氎，又能夠得布氎的「果」，這樣一來，就變無「因」，無「因」、當然就無「果」；因、果既然都無，那就不應當追求，「因」中若先有「果」，或是無「果」。

假使你又說：「因」中雖然是有「果」，不過是看不見罷了！那末，應當也有「相」來表現，好像：華、雖然是沒有看見，因為聞到了花的香氣，所以知道有花；聽到了鳥雀叫的音聲，所以知道有鳥；聽到了有人笑的音聲，所以知道有人；看見烟就知道有火；看見白鵠就知道那兒有水池。照上面這樣說起來，你們說：「因」中先有「果」，縱然是看不見，也應當有「相」表現啊！現今你們說的，不但是「果體」不可得，連「表相」也不可得，所以知道「因」中先無「果」。

復次：若因中先有果生，則不應言因縷有氎，因蒲有席。若因不作，他亦不作，如氎非縷所作，可從蒲作耶？若縷不作，蒲亦不作，可得言無所從作耶？若無所從作，則不名爲果。若果無，因亦無，如先說。是故從因中先有果生，是則不然。

講 再說：設若「因」中先已經有了「果」生的話，那末，就不應當說是由紗線而成功的布氎，是由蒲草而成功的蓆子。設若「自因」既然不能作「自果」，那「他因」更不能作「自果」，好像布既然不從紗所成，難道是從蒲草而成的嗎？所以紗不能成布，蒲更不能成布。這樣一來，可以說：這布是無所從而出啊！設若是無所從而出的話，那就不叫做「果」了！「果」既無，「因」也是無，這在前面已經說過了，所以你們說：「因」中先有「果」，是不對的。

復次：若果無所從作，則爲是常，如涅槃性。若果是常，諸有爲法則皆是常。何以故？一切有爲法皆是果故。若一切法皆常，則無無常；若無無常，亦無有常。何以故？因常有無常，因無常有常，是故常、無常二俱無者，是事不然。

是故不得言：因中先有果生。

講 再說：設若這「果」是無所從作，那就是恆常同「涅槃性」一樣了。設若這「果法」是「常」，那一切「有爲法」都是「常」了。甚麼原因呢？因爲一切「有爲法」，都是「果法」，設若一切法都是「常」的話，那就沒有「無常」。「無常」和「常」是「對待」而立的，「無常」既然沒有，「常」也當然沒有。甚麼原因呢？因爲有「常」，才說有「無常」；因爲有「無常」，才說有「常」。所以「常」和「無常」，是相對而有的，上面既然沒有相對的東西，那末，他說「常」與「無常」兩種都是沒有，人家是不會贊成的。所以，不可以說：「因」中是先有「果」。

復次：若因中先有果生，則果更與異果作因，如氎與著爲因，如席與障爲因，如車與載爲因，而實不與異果作因，是故不得言：因中先有果生。⑬若謂如地先有香，不以水灑，香則不發；果亦如是，若未有緣會，則不能作因。是事不然，何以故？如汝所說，可了時名果，瓶等物非果。何以故？可了是作，瓶等先有非作，是則以作爲果。是故因中先有果生，是事不然。

講 再說：設若說「因」中一定先有「果」生的話，那末，此「果」更可以給「異果」作「因」，好像：雞生蛋，雞是「因」，蛋是「果」。然而蛋又可以生雞，那末蛋既然是「果」，雞、就叫做「

異果」，意思就是「果」又生「果」。好像布是給被著做「因」，蓆子是給遮障做「因」，車子是給載物做「因」，而事實上是不給「異果」做「因」，所以不可以說「因」中先有「果」生。

設若你又說：好像地一樣，本來是先有香，然而，設若不用水去灑，地下的香是不會發出來！這譬喻，就是說：「因」中雖然是先有「果」，但是，若不遇「緣」，這「果」就不能作「後果」的「因」，好像女人雖然是可以生子，然而沒有生子的緣，還是不能生子，怎樣可以將此子來作生孫的「因」呢？

你說這種話，也是似是而非，並不是「眞理」啊！怎樣知道呢？照你們所說的話，要明了看得見的時候，才叫做「果」。瓶等物在泥團裏面，還是看不見，所以不叫做「果」。甚麼理由呢？因爲可以明了的時候，是叫做「作」，你不是說：瓶等「果」在「因」中已經是先有了，那就不叫做「作」，這樣，我們就可以知道，是以「作」爲「果」，現在你說：「因」中先已經有了「果」，所以不對啊！好像：車料是「因」，車是「果」，載物是「後果」，你說「因」中先有「果」，如同說木料中已經有載物的「後果」，是一樣的大笑話。

復次：了因但能顯發，不能生物，如爲照闇中瓶故然燈，亦能照餘臥具等物；爲作瓶故和合衆緣，不能生餘臥具等物，是故當知：非先因中有果生。復次：

若因中先有果生，則不應有今作、當作差別。而汝受今作、當作；是故非先因中有果生。

講 再來談談：「了因」和「生因」不同。「生因」如種生芽，「了因」如燈照物，你們把「了因」當做「生因」，所以一錯就錯到底。所以說：「了因」但能夠「顯發」而已，不能夠「生物」；好像照暗中瓶，所以點燈，這燈、不但是能照瓶，並且能照床、被、帳、枕，其餘的一切臥具等物。因爲要作瓶，所以用水、土、繩、泥團、人工等和合而成瓶；然而，不能將水土泥團繩子來成功帳子被條臥具等物；所以你說：「因」中先有「果」生，是不對的。

再說：設若「因」中先有「果」生的話，那末，既然有了「果」，又何必現在要去「作」，才有「果」受用；還有「未作」的，就沒有受用這兩種差別呢？然而，你們贊成有「今作」、「當作」的差別，所以不是「因」中先有「果」。

這一門，叫做「觀有果無果門」，也就是用「般若」的智慧，去觀察；究竟「因」中是先有「果」呢？還是「因」中先無「果」呢？上來共有三番問答，一共有二十四破，都是破「因」中先有「果」。第一次是「執」，其餘不過是「轉計」而已，破至最後，二十四計已盡，「因」中有「果」的妄計已完，以下是破「因」中先無「果」。

若謂因中先無果而果生者，是亦不然。何以故？若無而生者，應有第二頭、第三手生。何以故？無而生故。問曰：瓶等物有因緣，第二頭、第三手無因緣，云何得生？是故汝說不然。答曰：第二頭、第三手、及瓶等果，因中俱無，如泥團中無瓶，石中亦無瓶；何故名泥團為瓶因，不名石為瓶因？何故名乳為酪因，縷為氎因，不名蒲為因？

講　外人看見論主把「因」中先有「果」，已經破了，又以為「因」中先無「果」，大約是對吧？所以論主再來破「因」中先無「果」。就是說，設若你說：「因」中先沒有「果」，而又能夠生「果」的話，也是不對。甚麼原因呢？設若「因」中既然沒有「果」，而又能夠生「果」的話，那末，「因」中沒有兩個頭、三隻手的「果」，也應當有兩個頭、三隻手生起來才對。甚麼理由呢？因為你說：「因」中沒有「果」，能夠生「果」啊。

外人又來辯問：瓶等物是有「因緣」，所以能「生」。第二個頭，第三隻手，是沒有「因緣」，怎樣能夠「生」呢？所以你說得不對啊！

論主答：第二個頭，第三隻手，以及瓶等「果」，在「因」中都是沒有啊！好像泥團中既然沒有瓶，就是在石頭裏面也是沒有瓶，那末，為甚麼要說：泥團中可以做瓶的「因」，而不說石頭來做瓶的

「因」呢？爲甚麽要說：牛奶可以做酪的「因」，紗線可以做㲲布的「因」，而不說蒲草來做㲲布的「因」呢？

復次：若因中先無果而果生者，則一一物應生一切物，如指端應生車、馬、飲食等；如是縷不應但出㲲，亦應出車、馬、飲食等物。何以故？若無而能生者，何故縷但能生㲲，而不生車、馬、飲食等物？以俱無故。若因中先無果而果生者，則諸因不應各各有力能生果。如須油者，要從麻取，不榨於沙。若俱無者，何故麻中求，而不榨沙？若謂曾見麻出油，不見從沙出，是故麻中求，而不榨沙，是事不然。何以故？若生相成者，應言餘時見麻出油，不見沙出，是故於麻中求，不取沙；而一切法生相不成故。不得言餘時見麻出油，故麻中求，不取於沙。

講 再說：設若你一定要說：「因」中先無「果」，而「果生」的話，那末，無論那一種物，都可以生一切物，好像在手指頭上，也應當生出車、馬、飲食的東西才對。甚麽原故呢？設若「因」中先無而能生「果」的話，那末，爲甚麽紗線只能成㲲布，而不能生車、馬、飲食呢？因爲「因」中既然都是沒有「果」的話，那末，要「生」、通同都可以「生」，不「生」、通同都不要「生」，爲甚麽紗線中但成氎布，而不生車、馬、飲食呢？因爲你說：「因」中先沒有「果」，可以「無」中生「有」啦。

還有：設若「因」中先沒有「果」，而又能生「果」的話，那末，諸「因」，就不應當各各有力能生各各不同的「果」，好像要麻油的人，要從麻中去取油，不在沙中去榨油呢？設若你說：「因」中都沒有「果」，爲甚麼要在麻中求油，而不去榨沙呢？

設若你又說：從前曾經看見過麻出油，沒有看見沙出油，所以在麻中求油，而不榨沙，這理由也是不充足。甚麼原因呢？因爲你說：「因」中先無「果」，也就是說：麻中先無油。麻中既然先無油，那麻中就不應當出油，因爲麻中沒有「生相」，麻中既然沒有「生相」，所以麻中不應當出油。

設若「生相」可以成立，那你才可以說：見麻出油，不見沙出，所以在麻中求，而不榨沙。然而你說：「因」中先無「果」，是一切法「生相」都不成，你怎樣可以說：從前見過麻出油，所以在麻中求油，而不在沙中取油呢？

復次：我今不但破一事，皆總破一切因果。若因中先有果生，先無果生，先有果無果生，是二生皆不成；是故汝言餘時見麻出油，則墮同疑因。復次：若先因中無果而果生者，諸因相則不成。何以故？諸因若無法，何能作？何能成？

若無作、無成，云何名爲因？如是作者不得有所作，使作者亦不得有所作。

講 我們現在再來說說：我現在不但是破你一件事，我要總破你們外道所「執」的一切：「因」中先有「果」，或「因」中先無「果」，或「因」中先有「果」無「果」，通同都是不對！所以你說在別個時候，看見麻出油，是墮在「同疑因」裏面。甚麽叫做「同疑因」？就是你舉出來的「因」，我還是「懷疑」，你怎樣可以用這「懷疑」的因，來成立你的宗旨呢？

再說：設若「因」中先沒有「果」，而能夠生「果」，那末，一切作「因」的相就用不着了！甚麽原因呢？因爲能夠作「果法」，才叫做「因」。現在沒有「果法」，當然也沒有「因法」，「因法」既然沒有，怎樣有「果法」呢？「果法」既然沒有，怎樣可以成「因法」？所以無論是作者，乃至使作者，都是不得有所「作」。總而言之：你計「因」中先無「果」，所以「能作」、「作法」、「所作」都不能成立。

若謂因中先有果，則不應有作、作者、作法別異。何以故？若先有果，何須復作？是故汝說作、作者、作法諸因，皆不可得。因中先無果者，是亦不然。何以故？若人受作、作者分別有因果，應作是難；我說作、作者及因果皆空。若汝破作、作者及因果，則成我法，不名爲難。是故因中先無果而果生，是事不然。復次：若人受因中先有果，應作是難；我不說因中先有果故，不受此難；亦不受因中先無果。

講 這一段文，讀者最要緊要明了論主的意見；他是無論你說：「因」中先有「果」，或「因」中先無「果」，都是不贊成，並不是破了「因」中先無「果」，又承認「因」中先有「果」，所以敵者雖然來反難，然而論主是不受他的反難，因爲論主也是不贊成「因」中先有「果」啊！

所以外人先來反難論主；設若你們佛教說：「因」中先有「果」的話，那末，就不應當有「作」，同「作者」及「作法」的別異。甚麼原因呢？因爲既然「因」中先已經有了「果」，那末，何須再「作」呢？然而你們說「因」中無「果」，也是不對！怎樣知道呢？因爲設若我們也贊成有「作」有「作者」；那當然會受你們問難，但是，我們也主張「作」及「作者」連「因果」都說是「空」。設若你們也再破「作」及「作者」，那豈不是成就了我們的說法嗎？這怎樣可以叫做問難。所以你們說「因」中先無「果」，而又能夠生「果」，是不對的。所以，設若有人贊成「因」中先有「果」，那是應當被你們問難。我們大乘不贊成「因」中先有「果」，所以不會受你們的難，然而也不贊成「因」中先無「果」，這是要請你們先注意！

若謂因中先亦有果亦無果而果生，是亦不然。何以故？有、無性相違故；性相違者，云何一處？如明闇、苦樂、去住、縛解，不得同處；是故因中先有果先無果，二俱不生。復次：因中先有果先無果，上有無中已破。

講 外人看見論主單說「因」中先有「果」也破了！單說「因」中先無「果」也破了！那我現在說「因」中亦「有果」，亦「無果」，豈不是很好嗎？總該再不會破吧？殊不知這是小孩子講話！試想想：「有」和「無」是不是相違呢？如果性質是相違的話，怎樣可以說在一處呢？好像「明」和「暗」，可以同在一處嗎？「苦」和「樂」，「去」和「往」，「縛」和「解」，都是不可以同處。所以無論你說「因」中有「果」，「因」中無「果」，都是不對。其實「因」中先有「果」，或「因」中先無「果」，在前面已經破過了，還要再說甚麼呢！

是故先因中有果亦不生，無果亦不生，有無亦不生，理極於此。一切處推求不可得，是故果畢竟不生。果畢竟不生故，則一切有爲法皆空。何以故？一切有爲法，皆是因是果。有爲空故，無爲亦空。有爲、無爲尚空，何況我耶？

講 這是結論。因上面種種理由：無論說「因」中先有「果」，固然是「不生」；「因」中先無「果」也是「不生」，就是說「因」中亦有亦無「果」，更是「不生」。這道理到這裏爲極點。因爲在一切處去推求，都是不可得，所以「果法」畢竟是「不生」。「果法」既然是「不生」，那末，一切

「有爲法」當然都是「空」的了。甚麼原因呢？因爲一切「有爲法」都不出「因果」啊！「有爲法」既然都是「空」，那「無爲法」當然也是「空」，因爲「無爲」是對「有爲」說的。「有爲」既然沒有了，那「無爲」又從何處立名？「有爲」和「無爲」尙且是「空」，何況你們執着這「我」哩，當然「一空」是「一切空」啊！上面把「因」中先「有果」「無果」一門已說竟。

觀緣門第三

復次：諸法緣不成。何以故？

廣畧衆緣法，是中無有果，緣中若無果，云何從緣生？

瓶等果，一一緣中無，和合中亦無，若二門中無，云何言從緣生？

講　第一門單觀察「因」，第二門單觀察「果」，現在第三門是觀察「衆緣」，這到下面正文上可以看得見的。在偈頌上說：無論在第一門中是略說「因緣」，在第三門中是廣說「因緣」，在這略、廣「因緣」裏面，都求不到一個「果」來，那末，「因緣」中既然沒有「果」，你怎樣可以說「果」是從「衆緣」生呢？你如果不相信的話，我們來觀察一下就可以知道：就拿瓶果來說罷！分開來固然看不見瓶，就是合起來也是沒有瓶。例如：在每一粒沙裏面固然是榨不出油，就是和合了許多沙在一處，還是榨不出油！那末，無論是分開來，或合起來，都是沒有「果」，那怎樣可以說：「果」是從「衆緣」生呢？

問曰：云何名爲諸緣？答曰：四緣生諸法，更無第五緣；因緣、次第緣，緣緣、增上緣。四緣者，因緣、次第緣、緣緣、增上緣。因緣者，隨所從生法，若已從生，今從生，當從生，是法名因緣。次第緣者，前法以滅次第生，是名次第緣。緣緣者，隨所念法，若起身業，若起口業，若起心心數法，是名緣緣。增上緣者，以有此法故，彼法得生，此法於彼法，爲增上緣。如是四緣，皆因中無果。若因中有果者，應離諸緣而有果，而實離緣無果。若緣中有果者，應離因而有果，而實離因無果。若於緣及因有果者，應可得，以理推求而不可得，是故二處俱無。如是一一中無，和合中亦無，云何得言果從緣生？

講 這一段完全是解釋「四緣」的名義：先說了四句頌，然後把每一緣的意義，解釋一下：

一、「因緣」：甚麼叫做「因緣」呢？「因緣」、就是「親緣」，是對「果法」說的。它是生「果法」的正條件。如豆果是從豆種而生，豆果決定不是從瓜種而生，豆果是這樣，其他一切現行的「果法」，沒有不是從各各「親種」而生。所謂：色果從色種生，心果從心種生，有漏果從有漏種生，無漏果從無漏種生，無論是已生的「果」，正生的「果」，以及將來會生的「果」，時間雖有不同，而「果法」各從其類，那都是一樣，這就叫做「因緣」。

二、「次第緣」：甚麽叫做「次第緣」呢？「次第緣」、就是「等無間緣」。只是「心法」才有，「色法」是沒有的。「等」者、就是同等。「無間」、就是沒有第二個東西，在中間隔斷，就是前一剎那「滅」，後一剎那就繼續而「生」，也不是「滅」了之後才「生」，就是把「生」法的工作做完之後，它才「滅」下去，可見是即「生」即「滅」，沒有一剎那停止的，事實上「心法」是這樣剎那不停，念念生滅的，這叫做「次第緣」。

三、「緣緣」：甚麽叫做「緣緣」呢？「緣緣」、就是「所緣緣」。這也是「心法」才有，「色法」是沒有的。因爲「心法」才有「緣慮」，有「緣慮」、一定有它的「對象」，這「對象」就是「所緣」，在小乘說是「本質色」，在大乘唯識說是「相分色」，無論是「心王」和「心所」，都有它各個的「相分」，有實體，能帶相，合乎這兩個條件，就叫做「所緣緣」。

四、「增上緣」：甚麽叫做「增上緣」呢？就是由「此法」而幫「他法」增加向上增長。除了上面三緣單獨之外，其餘的一切統歸於「增上緣」，此緣、不但是「心法」有，連「色法」也離不了它！所以「色法」只要「二緣」就可以生果。如豆果要有豆種的「因緣」，再加上水、土、陽光、空氣、和人工，這就是「增上緣」。「心法」有六句頌：「眼識㊈緣生，耳識唯從㊇，鼻舌身三㊆，後三㊄㊂㊃，若加等無間，從頭各增㊀」。就是說：眼識要有九緣才生：一、眼根，二、色境，三、光明，四、空間，五、作意，六、第六識，七、第七識，八、第八識，九、種子。這「九緣」除了第二是「

所緣緣」，第九是「因緣」外，其餘都屬於「增上緣」，另外再加上一個「等無間緣」，那眼識就有「十緣」了。耳識除了光明。鼻識、舌識、身識，均除了光明和空間。意識要五緣，第七識要三緣，第八識要四緣，可以意推而知。總言之：凡是「心法」，一定要「種子」、「境界」、「次第」，以及其他的幫助，這叫做「增上緣」。

以上「四緣」的意義明白了之後，再來說到「無果」，甚麼理由呢？就是說：設若「因」中有「果」，那就不要其餘的三種「緣」。設若「緣」中有「果」，那又用不着「因」，「因」中既然沒有「果」，「緣」中也是沒有「果」，「因緣」中既然都沒有「果」，「果」是對「因」說的，既然沒有「果」，也就沒有「因緣」。「因」、「緣」、「果」，三法都沒有，那不是「空」是甚麼？所以說：如是一一中「無」，和合中亦「無」，云何得言「果」從「緣」生？

復次：若果緣中無，而從緣中出，是果何不從，非緣中而出？若謂果、緣中無，而從緣生者，何故不從非緣生？二俱無故。是故無有因緣能生果者。果不生故，緣亦不生，何以故？以先緣後果故。緣果無故，一切有為法空；有為法空故，無為法亦空；有為、無為空故，云何有我耶？

講　依據上面的道理，我們就可以知道：「果法」，在「衆緣」中是沒有的。設若「果法」在「衆緣」中都是沒有，你們一定要說：「果法」是從「衆緣」而出，那末，爲甚麼不說是從「非緣」中而出呢？因爲「緣」和「非緣」都是「無果」，要出「果」的話，應當一齊出才對。因這個道理，就可以知道沒有「因緣」可以生「果」。「果」既然不生，「緣」也是不生。甚麼原因呢？因爲先「緣」後「果」，沒有「果」，當然沒有「緣」；好像沒有兒子，當然沒有母親這個名字。「因緣」及「果」，既然通同沒有，那一切有爲法皆「空」，因爲一切有爲法，不出「因緣果」三個字啊！有爲法既然是「空」，那無爲法當然也是「空」，因爲「有」和「無」是對待的假名啊！有爲法和無爲法既然都「空」，那還有一個甚麼「神我」不「空」呢？所以一「空」一切都是「空」啊！

觀相門第四

復次：一切法空。何以故？

有爲及無爲，二法俱無相，以無有相故，二法則皆空。

有爲法不以相成。問曰：何等是有爲相？答曰：萬物各有有爲相，如牛：以角峯垂頥，尾端有毛，是爲牛相。如瓶：以底平、腹大、頸細、脣粗，是爲瓶相。如車：以輪、軸、轅、軛，是爲車相。如人：以頭、目、腹、脊、肩、臂、手、足，是爲人相。如是生、住、滅，若是有爲法相者，爲是有爲？爲是無爲？

【講】這一門完全是「破相」，這「相」的範圍很寬，不但是看得見的是「相」，就是看不見的也是「相」，至正文中便知。先「立宗」：一切法空。何以故以下，是「出因」。論主說：無論是有爲法，或無爲法，這兩種法，都是「無相」。因爲沒有「相」的原故，所以有爲、無爲二法都是「空」。

現在來先說「有爲法」，不是因「相」來成立的。

問：甚麼是「有爲相」呢？答：無論那一種物，都是各有各的「相」。例如牛吧！牠兩邊有角，頸上面起包，項下面垂下來好像壺一樣，尾巴上有毛，這就是牛的相狀。又例如瓶：瓶底是平的，瓶肚子是大的，瓶頸是細的，瓶的唇是很粗的，這就是瓶的相狀。又例如車：它是用輪，用軸，用轅，用軛，來做的，這就是車相。又例如人：它是有頭、眼睛、肚子、背脊、肩頭、膊臂、手脚等等，這就是人相。明白了上面的道理，那末，試問：「生」「住」「異」「滅」，設若是有爲法的相狀，到底是「有爲」？還是「無爲」呢？

問曰：若是有爲有何過？答曰：若生是有爲，應有三相；若生是無爲，何名有爲相？若生是有爲者，即應有三相，是三相，復應有三相，如是展轉則爲無窮。住、滅亦爾。若生是無爲者，云何無爲與有爲作相？離生、住、滅，誰能知是生？復次：分別生、住、滅故有生，無爲不可分別，是故無生，住、滅亦爾。生、住、滅空故，有爲法空；有爲法空故，無爲法亦空，因有爲故有無爲，有爲、無爲法空故，一切法皆空。

講　問：設若是「有爲」，有甚麼過咎呢？答：設若「生」是「有爲法」的話，那就應當更有「生」「住」「滅」三相。甚麼原因呢？因爲有「生」，一定有「住」有「滅」，這樣的生、住、滅，生、住、滅一直的流下去，豈不是成了「無窮」嗎？「生」是這樣，「住」、「滅」也是這樣。設若「生」是「無爲」的話，「無爲」怎樣可以給「有爲」作相？因爲「無爲法」，就是離開了生、住、滅，既然離開了生、住、滅，就沒有了「對待」，誰又知道生、住、滅呢？還有一個道理：因爲分別生、住、滅，才知道有生、住、滅；「無爲法」是不可分別，所以「無爲法」是沒有生、住、滅。生、住、滅既然是「空」，那一切有爲法都是「空」。有爲法「空」，無爲法那裏還不「空」呢？因「有爲」，才說「無爲」；有爲、無爲法都「空」，所以一切法都是「空」。

問曰：汝說三相復有三相，是故無窮，生不應是有爲者，今當說：生生之所生，生於彼本生；本生之所生，還生於生生。法生時，通自體七法共生：一法，二生，三住，四滅，五生生，六住住，七滅滅。是七法中，本生除自體，能生六法；生生能生本生，本生還生生生，是故三相雖是有爲，而非無窮。住、滅亦如是。

講 這一段是小乘人救前面所說「無窮」的過失。外人問：你們大乘說生、住、滅「三相」，更有生、住、滅「三相」，所以會犯無窮的過失。但是我現在又有一種說法：雖然是「有爲」，然而不會犯無窮過。這道理是怎樣說法？就是每一法生時，都能有七法：即如第一是爲「法體」，第二是爲「本生」，第五是爲「生生」。他說：「生生」能夠生「本生」，反過來「本生」又來生「生生」，這樣，互相而「生」，就不會「無窮」。「生」是這樣，「住」和「滅」也是這樣。就是「本住」住「住住」，「住住」又能住「本住」。「本滅」滅「滅滅」，「滅滅」又能夠滅「本滅」。

答曰：若謂是生生，還能生本生，生生從本生，何能生本生？若謂生生能生本生，本生不生生生，生生何能生本生？若謂是本生，能生彼生生，本生從彼生，何能生生生？若謂本生能生生生，生生生已還生本生，是事不然。何以故？生生法應生本生，是故名生生，而本生實自未生，云何能生生生？

講 這是大乘破小乘的話：就是說：設若你說：「生生」、還能夠生「本生」，那不過是一個笑話罷了！因爲「生生」是從「本生」來生的，爲甚麼又能夠生「本生」呢！豈不是父親生兒子，兒子又倒過來生父親嗎？所以說：若謂「生生」能夠生「本生」，如果「本生」不生「生生」的話，那「生生」又怎樣能夠生「本生」呢？設若又說：「本生」能夠生彼「生生」，那更是笑話，「本生」是從「生生」生出來的，怎樣又能夠生出「生生」來呢？設若你又說：「本生」是能夠生出「生生」，「生生」生了之後，所以還來生「本生」，那也是不對，甚麼原因呢？「生生」的法則，應當生「本生」，所以才叫做「生生」；然而「本生」自己還沒有出世，怎樣又能夠生出兒子呢？那豈不是一個大笑話！

若謂生生生時，能生本生者，是事亦不然。何以故？是生生生時，或能生本生，生生尚未生，何能生本生？是生生生時，或能生本生，而是生生自體未生，不能生本生。若謂是生生生時，能自生，亦生彼；如燈然時，能自照，亦照彼，是事不然。何以故？燈中自無闇，住處亦無闇，破闇乃名照，燈為何所照？燈體自無闇，明所住處亦無闇。若燈中無闇，住處亦無闇，云何言燈自照，亦能照彼？破闇故名為照，燈不自破闇，亦不破彼闇，是故燈不自照，亦不照彼；是故汝先說燈自照亦照彼，生亦如是，自生亦生彼者，是事不然。

講 設若說：「生生」正生的時候，所以能夠生「本生」，這話是不對的！甚麼原因呢？就是說：如果「生生」已經「生出」來了，或者能夠生「本生」；現在「生生」自己尚且沒有，怎樣可以生「

本生」呢？你們看見過：母親尚且還沒有出世，就會生兒子的奇事嗎？

恐怕外人又轉救：「生生」正生的時候，能「自生」，又能「生他」。這意思恐怕不容易懂，所以來說一個譬喻：好像一盞燈正點起了的時候，一方面能照自己的燈，同時又能照人和照物，這不是自照、照彼嗎？這譬喻用得適當不適當呢？當然不適當！怎樣知道呢？試看論主先破了他舉的喻，那法當然就不能成立。

你說照燈，燈是以「明」爲義，我只聽到人家說：燈光只照「暗」，沒有聽見人家說：燈光可以照「明」啊！要知道：燈的本體不是「暗」，就是「明」的處所當然是沒有「暗」，設若燈的自體沒有「暗」，「明」的處所也沒有「暗」，你怎樣可以說：燈能「自照」，又能「照彼」呢？因爲「破闇」才叫做「照」，現在燈本身上沒有「暗」，所以不能「照自」，「明」的處所也沒有「暗」，所以也不能「照彼」，所以你說的：燈能「自照」，又能「照彼」，是不對的，這道理明白了的話，那末，「生」也是一樣，你說「生生」，能生「自己」，又能生「本生」，是沒有這件事。

問曰：若燈然時能破闇，是故燈中無闇，住處亦無闇。答曰：云何燈然時，而能破於闇？此燈初然時，不能及於闇。若燈然時不能到闇，若不到闇，不應言破闇。復次：燈若不及闇，而能破闇者，燈在於此間，則破一切闇。若謂燈雖不到闇，而力能破闇者，此處然燈，應破一切世間闇，俱不及故。而實此間然燈，不能破一切世間闇，是故汝說燈雖不及闇，而力能破闇者，是事不然。復次：若燈能自照，亦能照於彼，闇亦應如是，自蔽亦蔽彼。若謂燈能自照亦照彼，闇與燈相違，亦應自蔽亦蔽彼。若闇與燈相違，不能自蔽，亦不蔽彼，而言燈能自照亦照彼者，是事不然，是故汝喻非也。

講　問：燈正點起了的時候，能夠「破闇」，「暗」破了之後，我也知道：燈中沒有「暗」，燈照的處所也沒有「暗」。答：你這才是一個大笑話！怎樣可以說：正點燈的時候，而能夠「破暗」呢？甚麼理由呢？因為燈最初才點的時候，這燈上的光，還沒有及到「暗」，設若初點燈的時，不能到「暗」的地方，既然燈光沒有到「暗」，那就不應當說「破暗」。

再來說說：假定你一定要說：燈光雖然是不及於「暗」，然而又能夠「破暗」，那末，燈在這里，豈不是能破全世界上一切的「暗」嗎？設若你又說：燈光雖然是沒有到「暗」的地方，然而它的力能夠「破暗」的話，那末，此處然燈，應當能破一切世界上的「暗」啊！然而這里點燈，不能夠破一切世界上的「暗」，所以你說的：燈光雖然是沒有到「暗」，而力能夠「破暗」的話，是不對的。

還有：設若燈能夠照自己，又能夠照其他的東西，那末，「暗」也是一樣，應當能夠障蔽自己，也能夠障蔽一切。設若燈光同黑暗是相違的，黑暗既然不能夠障彼、障自，那你說的燈光，能夠自照、照他，也是不對，所以你說的譬喻是用不着的。

如生能自生亦生彼者，今當更說：此生若未生，云何能自生？若生已自生，已生何用生？此生未生時，應若生已生，若未生生。若未生而生，未生名未有，云何能自生？若謂生已而生，生已即是生，何須更生？生已更無生，作已更無作，是故生不自生。若生不自生，云何生彼？汝說自生亦生彼，是事不然。住、滅亦如是。

講 前面先破「能例」的「喻」，現在來破「所例」的「法」。所以說：你前面所說的那個「生」，能「自生」又能「生彼」，現今再來說說：試問：你這一個「生」，設若還沒有「生起」的時候，怎樣能夠「自生」呢？假定說已經生「自生」了，那末，「已生」、用不着「再生」了。就是說：這個生「未生」的時候，還是生了之後「再生」？還是沒有生「才生」？設若你說：是沒有「生」才「生」，要知道：「未生」、就叫做「未有」，「未有」怎樣能夠「自生」呢？假定你又說：是「生」了之後才「生」的。如果「生」了之後，那就是「生」，又何必「再生」做甚麼？因為「生」了用不着「再生」，好像作東西一樣，作過了用不着再作，所以這個「生」，是不能「自生」，設若自己都不能「生」，又怎樣可以「生彼」呢？好像：自己尚且都不能「生存」，還能夠保護別人「生存」嗎？所以你說：能「自生」又能「生彼」，那能有這件事呢？「生」既然是這樣，那「住」和「滅」的道理，也可照這樣推知啊！

是故生、住、滅是有爲相，是事不然；生、住、滅有爲相不成故，有爲法空。有爲法空故，無爲法亦空。何以故？滅有爲，名無爲涅槃，是故涅槃亦空。復次：無生、無住、無滅，名無爲相；無生、住、滅則無法，無法不應作相。若謂無相是涅槃相，是事不然。若無相是涅槃相，以何相故，知是無相？若以有相知是無相，云何名無相？若以無相知是無相，無相是無，無則不可知。

講 現在把上面所說的「有爲法」，來作一結論：所以說：是故生、住、滅，你們把它當作「有爲相」，是不對的。生、住、滅說它是「有爲相」既然不成，那「有爲法」就是「空」，有爲法既然是「空」，無爲法當然也是「空」，甚麼原因呢？因爲把「有爲法」滅掉了，才叫做「無爲」的「涅槃」。因爲既然沒有「有爲」，所以「無爲」的「涅槃」，也是沒有。

還有一種說法：就是沒有生、住、滅，才叫做「無爲相」。那末，既然沒有生、住、滅，當然是「無法」，「無法」的東西，就不應當作「相」。設若你說：「無相」可算是「涅槃相」，那也是不對。假定說：「無相」就是「涅槃相」的話，那末，請問你用甚麼「相」，可以知道「涅槃」是「無相」呢？設若你是因「有相」而知「無相」，那末，「有相」是有相狀的，怎樣叫做「無相」呢？設若因「無相」而知道是「無相」，「無相」就是「無」，「無」就是「不可知」的事相啊！

若謂如衆衣皆有相，唯一衣無相，正以無相爲相故，人言取無相衣，如是可知無相衣可取；如是生、住、滅是有爲相，無生住滅處，當知是無爲相，是故無相是涅槃者，是事不然。何以故？生、住、滅種種因緣皆空，不得有有爲相，云何因此知無爲？汝得何有爲決定相，知無相處亦無爲？是故汝說衆相衣中無相衣，喻涅槃無相者，是事不然。又衣喻，後第五門中廣說。是故有爲法皆空；有爲法空故，無爲法亦空；有爲、無爲法空故，我亦空；三事空故，一切法皆空。

講 現在來說一個譬喩：設若你說：好像在許多衣服裏面，都是有牒紋的，叫做「有相衣」；裏面唯有一件沒有牒紋的，就叫做「無相衣」。正是因爲這一件衣服沒有牒紋的相，所以人家說：拿「無相衣」來！因爲這個原故，就可以知道「無相衣」是可以取的。這譬喩明白了，就可以知道：有生、住、滅、旣然是「有爲」，那末，無生、住、滅，應當知道是「無爲」，是故無生、住、滅，是「涅槃」對不對呢？當然是不對。怎樣知道它是不對呢？因爲我在前面說過了生、住、滅，用種種理由，可以證明它是「空」，根本上就沒有「有爲相」，「有爲相」既然沒有，怎樣可以因「有爲」而知道「無爲」呢？我眞眞倒要來請問你一下：你得到甚麽「有爲法」的「決定相」，而知道「無相處」是「無爲」呢？所以你前面說的在衆相衣中有一件「無相衣」，用它來譬如「涅槃」的「無相」，是不可以的。所以知道：一切「有爲法」都是「空」的，「有爲法」既是「空」，「無爲法」當然也是「空」，「有爲」和「無爲」通同都「空」了，還有甚麽「我」不空嗎？「有爲」、「無爲」、「我」，三件事都「空」，一切法當然是「空」。

觀有相無相門第五

復次：一切法空。何以故？

有相相不相，無相亦不相；離彼相不相，相爲何所相？有相事中相不相，何以故？若法先有相，更何用相爲？復次：若有相事中相得相者，則有二相過：一者先有相，二者相來相。是故有相事中相無所相。無相事中相亦無所相，何法名無相，而以有相相？如象有雙牙，垂一鼻，頭有三隆，耳如箕，脊如彎弓，腹大而垂，尾端有毛，四脚粗圓，是爲象相。若離是相，更無有象可以相相。如馬豎耳，垂鬉，四脚同蹄，尾通有毛，若離是相，更無有馬可以相相。如是有相中相無所相，無相中相亦無所相；離有相、無相，更無第三法可以相相，是故相無所相。

講 這第五門是觀察「有相」和「無相」，都是沒有的。本論唯一的主張：就是一句話：「一切法空」而分做十二門的理由，來說明「空」的所以罷了。所以先徵問：何以知道「一切法空」的原故？就是說：如果這一法是「有相」，既然已經有了「相」，當然用不着再有「相」；如果這一法本來就是「無相」，好像：龜無毛，兔無角一樣，既然是「無相法」，當然不能再加上甚麼「相」。試問：離開了上面這兩種：「有相」和「無相」，要怎樣再成一個甚麼「相」呢？

以下是用長行來解釋這偈頌的。我說「有相」的事物中，再不能「加相」，是甚麼原因呢？因爲：這件事物上已經先有「相」，試問：更用「相」做甚麼？我們再來研究：設若這有「相」的事物中，再加上一個「相」，那就會生出兩種過失；一種是先有的「相」，一種是後加的「相」。所以「有相」之中再「加相」，是不合乎道理。

「有相」之中「無所相」我已經懂了，然而「無相」之中總可以「有所相」吧？「無相」之中也不能「有所相」，甚麼原故呢？試問：你有看見過那一種「無相法」上「有所相」呢？好像一隻象吧！因爲牠有兩個長牙，一個很長的鼻子垂下來，頭頂上有三個包，耳朵好像畚箕一樣，背脊同弓一樣的彎彎，肚子很大的也垂下來了，尾巴上有許多毛，四隻脚很粗大而圓的，這就是象的相啊！試問：

設若離開了上面這許多相，那裏還有一個象的相可以去相嗎？再好像一匹馬吧！馬的耳朵是豎起來的，兩邊的鬉是分開來垂下去，四隻脚同蹄以及尾巴通同有毛，設若離開了這許多相，還有一匹馬的相可以去相嗎？因此，無論「有相」中是「無所相」，「無相」中也是「無所相」，試問：離開了這「有相」和「無相」，再沒有第三法可以做「所相」啊！所以一切法上決定沒有甚麽「所相」。

相無所相故，可相法亦不成。何以故？以相故知是事名可相。以是因緣故，相、可相俱空；相、可相空故，萬物亦空。何以故？離相、可相，更無有物。物無故，非物亦無；以物滅故名無物，若無物者，何所滅故名爲無物？物、無物空故，一切有爲法皆空；有爲法空故，無爲法亦空；有爲、無爲空故，我亦空。

【講】我們要知道：要先有「物」，然後才可以說是有「相」。反過來也可以說：「相」既然都沒有，那末，這東西也是沒有。甚麽原因呢？因爲有「相」，所以才知道這件東西是可以「相」的。現在因爲「相」既然沒有，所以「可相」的物體也是沒有，二者皆空。「相」同「可相」的物體都「空」，所以一切萬物皆「空」。甚麽理由呢？因爲一切萬物「有」的話，都不能離開「相」和「可相」；如果離開了「相」和「可相」，當然就沒有「物」。「物」既然沒有，「非物」也是沒有；因爲「物」滅了，所以才叫做「非物」；設若「物」都沒有，那說甚麽「滅」，既無物「滅」，說甚麽「無物」？

「物」和「無物」都「空」，所以一切有爲法都「空」。有爲法既然是「空」，無爲法也是「空」，因爲是對待得名的啊！有爲、無爲都「空」，那裏還有甚麼「我」不空呢？

觀一異門第六

復次：一切法空。何以故？

講 如果我們用智慧去過細觀察一下：就可以知道「體用」和「心法」都不是一、異。因爲：體是「體」，用是「用」，怎樣可以說它是「一」？體不離「用」，用不離「體」，也不能說它是「異」。「心」和「萬法」的道理，也是一樣的意思。爲甚麼要說它是非「一」非「異」呢？其目的就是要說一切法都是「空」。理由就在下面說明。

相及與可相，一異不可得，若無有一異　是二云何成？是相、可相，若一不可得，異亦不可得；若一、異不可得，是二則不成，是故相、可相皆空。相、可相空故，一切法皆空。

講 「相」、是「相狀」，「可相」、是「物」，「相」和「物」是「一」嗎？當然不是；那末，「相」和「物」是「異」嗎？譬如白紙，「紙」和「白」是兩樣嗎？當然也是不對！結果，「一」也不對，「異」也不對，所以「相狀」和「物」都是「空」啊！「相狀」和「事物」都是「空」，所以

「一切法」都是「空」。

問曰：相、可相常成，何故不成？汝說相、可相一、異不可得，今當說：凡物或相卽是可相，或相異可相，或少分是相，餘是可相。如識相是識，離所用識更無識；如受相是受，離所用受更無受，如是等相，卽是可相。

講 外人看見論主說：「相」和「物」，一、異都不對，心裏有一點不服氣，所以論主說一、異都不能成，外人偏偏要說一、異都可成。現在先說「相」和「物」是「一」的例子。例如：識的分別「相」，和識的「體」，你能夠說它不是「一」嗎？試問：離開了分別的功用，還有甚麼識的「體相」呢？又例如受也是一樣。試問：離開了領納的功用，那裏還有甚麼受的「體相」呢？把上面兩個例子看過了之後，就可以知道：「相」和「事物」是「一個」啊。

如佛說滅愛名涅槃，愛是有爲有漏法，滅是無爲無漏法；如信者有三相，樂親近善人，樂欲聽法，樂行布施，是三事身、口業故，色陰所攝；信是心數法故，行陰所攝，是名相與可相異。

講 上面擧的例子是證明「相」和「事物」是一，現在要擧過例子來說明「相」和「事物」是「異」。例如佛平常對我們所說的：要滅除了「愛」才叫做「涅槃」，因爲「愛」是生滅的「染汚法」，涅槃」是不生滅的「清淨法」，所以愛和涅槃絕對是「異」。又好像一個有信心的人一樣，他一定有「三種相」來表示他的「信心」：一、他喜歡去親近良師善友的善知識，二、他一定是喜歡聽聞正法，三、他更喜歡布施救濟窮苦的人。因爲知道親近善人，可以得到教訓；聽聞正法，可以得開智慧；布施窮苦，可以得增福報。然而這「三事」是屬於身、口的「色陰」所攝，而「信心」是在「行陰」中「善心所」裏面所攝，可見「相」和「事體」也是「異」。

如正見是道相，於道是少分；又生、住、滅是有爲相，於有爲法是少分，如是於可相中少分名相。是故或相卽可相，或相異可相，或可相少分爲相；汝言一、異不成故，相、可相不成者，是事不然。

講 現在拿「正見」來做比例：好像有正知、正見的人，就是「道」的相。甚麼原因呢？因爲「道」有八種，所謂：「八正道」。然而「正見」是八正道之一，所以叫做「少分」。還有，生、住、異、滅也是有爲法的表相，然而有爲法的範圍很大，無論是「色法」、「心法」、「心所法」，乃至「不相應行法」，都是屬於「有爲法」，現在生、住、異、滅是屬於「不相應行法」裏面一少部分，所以也叫做「少分」。這樣說起來：在事物中有「少分」的相，也可以叫做「相」。因爲這種原故：或「相」和「事物」是「一」，或「相」和「事物」是「異」，或「事物」中有「少分」的「相」，你們一定要說：「一」、「異」都不成，所以「相」和「可相」的事物也都不成，我們以為是不對。

答曰：汝說或相是可相，如識等；是事不然。何以故？以相可知名可相，所用者名為相，凡物不能自知，如指不能自觸，如眼不能自見，是故汝說識即是相可相，是事不然。復次：若相卽是可相者，不應分別是相是可相；若分別是相是可相者，不應言相即是可相。復次：若相即是可相者，因果則一。何以故？相是因，可相是果，是二則一；而實不一，是故相即是可相，是事不然。

講　這是論主破他們所說的「相」和「可相」是「一」的不對。甚麼理由呢？因為「相」是可以知道的，所以叫它是「可相」的話，就是因為有「能相」，才知道有「可相」的境界。所用者是「相」，所以你說「相」和「可相」是「一」，當然不對。還有，設若「相」和「可相」是「一」的話，那末，又何必分別這是「相」，那是「可相」呢？如果你一定要分別這是「相」，那是「可相」的話，那就不可說兩個是「一」啦！還有，你一定要說是「一」，那就變成了因果是「一」，因為「相」是因，「可相」是果，你說「相」就是「可相」，所以因果就應當是「一」，然而事實上並不是「一」，所以你們說：「相」就是「可相」的事物，當然是不對。

汝說相異可相者，是亦不然。汝說滅愛是涅槃相，不說愛是涅槃相；若說愛是涅槃相，應言相、可相異，若言滅愛是涅槃相者，則不得言相可相異。又汝說信者有三相，俱不異信，若無信則無此三事，是故不得言相可相異。又相可相異者，相更復應有相，則爲無窮。是事不然，是故相可相不得異。

講 再說：你說「相」和「可相」是「一」，固然是不對；就是說「相」和「可相」是「異」，也是不對！甚麼原因呢？因爲你說滅除了「愛」才是「涅槃」的義相，你不是說：「愛」就是「涅槃相」。如果說「愛」就是「涅槃相」，應當說「相」和「可相」的事物是「異」，設若說「滅愛」就是「涅槃相」，那就不可以說「相」和「可相」是「異」。這段文裏面，有一個字你若是明白了，你才可以全盤明白，那一個字呢？就是滅愛的「滅」字，這「滅」就是「涅槃」，這「滅」既然就是「涅槃」，那「滅」的「相」，和「涅槃」的「可相」，怎樣可以說「相」和「可相」是「異」呢？還有，你不是說：「信者」有，親近知識，聽聞正法，歡喜布施這「三相」，要知道這「三相」是不能離開「信」啊！因爲有「信」的人，才有這「三相」，如果沒有「信」的人，是決定沒有這「三相」，所以「三相」和「信」不能說是異。還有，「相」和「可相」如果一定說它是「異」的話，那末，「相」中更有「相」，這樣一來，豈不是會犯無窮的過患嗎？那是不對，因此，「相」和「可相」的事物，決定不能說是「異物」。

問曰：如燈能自照亦能照彼，如是相能自相，亦能相彼。答曰：汝說燈喻，三有爲相中已破。又自違先說，汝上言相可相異，而今言相自能相，亦能相彼，是事不然。又汝說可相中少分是相者，是事不然。何以故？此義或在一中，或在異中，一異義先已破故，當知少分相亦破。如是種種因緣相、可相，一不可得，異不可得，更無第三法成相、可相，是故相、可相俱空。是二空故，一切法皆空。

講　現在先拿一個比喻來說：好像燈一樣：能「自照」又能「照人」。論主說：這個比喻用得不對，因爲燈的譬喻，在前面三有爲相中已經破過了！同時，也是違背你自己所說的話，因爲你上面說「相」和「可相」是「異」，現在爲甚麼又說「相」和「可相」是「一」呢？

縱然你說「可相」中有「少分相」，也是不對，甚麼原因呢？因爲「相」和「可相」，無論是「一」或是「異」在前面都破過了，所以你說「可相」中有「少分相」也是不對。

這樣說來，上面所說過的種種因緣，可以知道「相」和「可相」，無論是「一」或是「異」，都是不對，除此一、異之外，更沒有第三法可以成立啊！所以知道「相」和「可相」都是「空」，「相」和「可相」既然都是「空」，所以「一切法」當然是「空」，因爲「一切法」不出「相」和「可相」啊！

觀有無門第七

復次：一切法空。何以故？有無一時不可得，非一時亦不可得，如說：

有無一時無，離無有亦無，不離無有有，有則應常無。

有無性相違，一法中不應共有，如生時無死，死時無生，是事中論中已說。若謂離無，有「有無」過者，是事不然。何以故？離無云何有有？如先說：法生時通自體七法共生，如阿毘曇中說：有與無常共生。無常是滅相，故名無。是故離無，有則不生。若不離無常，有有「生」者，有則常無。若有「無常」者，初無有住，常是壞故；而實有住，是故有不常無。若離無常，有「有」生者，是亦不然，何以故？離無常，「有」實不生。

講　「有」「無」兩種範圍很寬，一、有色無色，二、有見無見，三、有對無對，四、有果無果，五、有相無相，六、有漏無漏，七、有爲無爲，八、有明無明，九、有性無性，十、有生無生等……此中所明的，單說：「有」、是指「生」「住」；「無」、是指「異」「滅」。

現在再來說說：一切法都是「空」的。怎樣知道呢？因爲：「有」和「無」同「一時」固然是不可以，就是「異時」也是不可以。先舉出頌文，然後用長行再來解釋；他告訴我們：有、無相違互相破，有、無相對不可離。第一：「有」和「無」這兩種體性，是互相違背的。因爲一法中，「有」和「無」不能同時共有，這道理很容易明白：好像「生」的時候，當然不是「死」，「死」的時候也不是「生」，這道理在中論上已經說過了。設若你說：離開了「無」，可以有「有」，沒有過咎的話，那是不對的。甚麼原因呢？離開了「無」，那裏有「有」呢？因爲「有」和「無」是相對的。在前面已經說過了一回：法生時通自體七法共生，好像在阿毗曇論裏面說的：「有」和「無常」是「相對法」，因爲「無常」是「滅相」，所以滅「有」才叫做「無常」。如果離開了「無」，「有」也就沒有；如果不是離開了「無常」，有一個「有」生起來的話，那這個「有」就沒有「對待」，沒有「對待」的「有」，那是「常無」，若是「常無」，也就沒有「住」，因爲「常無」，那裏有甚麼「住」呢？但事實上是有「住」，所以「有」不是「常無」，設若離開了「無常」，有一個「有」生起來的話，是不對的！甚麼原因呢？就是離開了「無常」，就沒有「有」生起來啊！

問曰：有生時，已有無常而未發，滅時乃發，壞是有。如是生、住、滅、老、得，皆待時而發。有起時，生爲用，令有生；生滅中間，住爲用，持是有；滅時，無常爲用，滅是有；老變生至住，變住至滅；無常則壞；得常令四事成就；是故法雖與無常共生，有非常無。

講 這一段文，是外人救前面所破之義。假定外人有這樣一個問：「有」生時，已經就有了「無常」，不過沒有發現而已；一到了「滅」的時候，乃發現了壞是「有」。明白了這個道理，所以生、住、滅、老、得，不過是待時而發罷了。「有」起來了的時候，就有「生」的作用，所以令有「生」；如果在「生」和「滅」的兩中間，那是以「住」爲用，就是保持這個「有」；一到了「滅」的時候，那就是以「無常」爲用，就是把這個「有」滅掉了。「老」是由「生」而變至「住」，又由「住」而變至「滅」，一到了「無常」的時候，那就完全把「有」壞掉了。至於「得」，那是常令「生」「住」「異」「滅」四事成就，所以一切法雖然是與「無常」共生，但是這個「有」，而不是「常無」。

這一段，是以「體」雖同時，而「用」是前後來救破。

答曰：汝說無常是滅相，與有共生，生時有應壞，壞時有應生。復次：生滅俱無。何以故？滅時不應有生，生時不應有滅，生滅相違故。復次：汝法無常與住共生，有壞時應無住，若住則無壞，何以故？住壞相違故。老時無住，住時無老。是故汝說生、住、滅、老、無常、得，本來共生，是則錯亂。

講 這一段是破救，答復前面的話：你們說：「無常」是「滅相」，「同生相」是「同時共生」，那末，「生」的時候就應當有「壞」，「壞」時也應當有「生」，因爲你說「生」「滅」可以「同時」啊！這樣一來，「生」也不成「生」，「滅」也就不成「滅」了！甚麽原因呢？因爲：「滅」時不應當有「生」，「生」時也不應當有「滅」，「生」和「滅」這兩個東西是互相違背啊！還有，你們又說：「無常」的東西和「住」又是共生，因爲「無常」就是「壞」，「壞」和「住」是相反的，所以「有」如果是「壞」了的時候，當然是沒有「住」，設若在「住」的時候，也還沒有壞，甚麽原因呢？因爲「住」和「壞」這兩件東西，也是互相違背的啊！如果一變了「老」相，那當然不會像從前那樣照常的「安住」，如果是「住」的時候，那就沒有變成「老」相。所以你們所說的「生」「住」「滅」「老」，「無常」和「得」都是同時共生，決沒有這種道理，那是錯亂的。

何以故？是有若與無常共生，無常是壞相，凡物生時無壞相，住時亦無壞相，爾時非是無無常相耶？如能識故名識，不能識則無識相；能受故名受，不能受則無受相；能念故名念，不能念則無念相；起是生相，不起則非生相；攝持是住相，不攝持則非住相；轉變是老相，不轉變則非老相；壽命滅是死相，壽命不滅則非死相；如是壞是無常相，離壞非無常相。若生住時，雖有無常，不能壞有。後能壞有者，何用共生爲？如是應隨有壞時，乃有無常。是故無常雖共生，後乃壞有者，是事不然。如是有、無、共不成，不共亦不成，是故有、無空。有、無空故，一切有爲空；一切有爲空故，無爲亦空；有爲、無爲空故，衆生亦空。

講 這一段說明「有」「無」不能同時。甚麼原故呢？因爲「有」設若和「無常」共生的話，然而「無常」是「壞」的意義，凡物正「生」的時候，還沒有「破壞」，就是正在「住」的時候，也還沒有「破壞」，這「生」「住」的時候，豈不是沒有「無常相」嗎？好像能夠「認識」才叫做「識」，如果不能「認識」，那就沒有「識相」。能「領納」才叫做「受」，如果不能「領納」，也能叫做「受」嗎？就是因爲心裏面能夠「起念」，不能「念」那就沒有「念相」。所以「起」是「生」的相，「不起」就沒有「生相」；能夠攝持不失，才叫做「住相」，如果不能攝持的話，那當然不能夠叫做「住相」。有轉變是「老」的現相，不轉變那就不是「老相」；一到了壽命滅時才叫做「死相」，壽命還沒有滅，當然不叫做「死」。知道了上面這許多比例，也可以知道「壞」就是「無常」的表相，離開了「壞相」，那裏還有甚麼「無常相」呢？

設若你又說：「生」和「住」的時候，雖然是有「無常」，在當時不能「壞有」，將來能夠「壞有」的話，那就用不着說生、住、滅是共生，這樣應當說：隨便甚麼時候凡有「壞」時就有「無常」，所以你們小乘人說：「無常」雖然是共生，不過是以後會「壞有」的話，是不合乎道理。依照上面的道理說起來，無論你說是「有」「無」共生，或是「有」「無」不共生，都是不能成立，所以「有」、

「無」皆「空」。「有」和「無」既然都是「空」，那末，一切有爲生滅法，當然是「空」，有爲法既然都「空」了，那無爲法也就沒有「對待」了！「有爲」和「無爲」統通都「空」了，而「衆生」當然也「空」。

觀性門第八

復次：一切法空。何以故？諸法無性故。如說：

見有變異相，諸法無有性，無性法亦無，諸法皆空故。

諸法若有性，則不應變異，而見一切法皆變異，是故當知諸法無性。復次：若諸法有定性，則不應從衆緣生；若性從衆緣生者，性卽是作法；不作法不因待他名爲性，是故一切法空。

講　要知道十二門論的目的，和中論百論一切般若經是相同的，無非要我們了達一切法是「空」，然而所說的方法不同，所以有各式各樣的說法，現在這一門是用般若的智慧，去覺察一切法的本性是怎樣？所以最後的結論是「空」。

先說一首頌的宗旨，然後用長行來解釋。論主說：宇宙萬有，森羅萬象，形形色色的一切法，設若眞有一個固定常恆不變的「體性」，那末，就不應當有「成、住、壞、空」「生、老、病、死」「生、住、異、滅」花開花謝、滄海桑田的「變異性」，然而在事實上，我們明明白白看見一切法是有

「變異」，由此，我們就可以知道：一切法是「無性」啦。再說：設若一切法如果有一個固定不變異的東西，那末，一切法就不應當從衆多「因緣」所生的。反過來說：一切法如果是從衆多「因緣」所生的話，那道「體性」是有爲所作的東西；因爲，如果不是有爲所作的東西，那就用不着等待其他的東西來幫助，然後才來立這個假名。現在我們知道一切法都是「衆緣成就」，所以同時也知道一切法都是「空」，因爲佛學上有一句術語「緣生性空」啊！

問曰：若一切法空，則無生無滅；若無生滅，則無苦諦，若無苦諦，則無集諦；若無苦、集諦，則無滅諦；若無苦滅，則無至苦滅道；若諸法空無性，則無四聖諦。無四聖諦故，亦無四沙門果；無四沙門果故，則無賢聖。是事無故，佛、法、僧亦無，世間法皆亦無，是事不然，是故諸法不應盡空。

【講】這一段是外人責論主：若說一切法都是「空」，即是「斷滅見」，一切佛法也都破壞了！所以問：設若一切都是「空」的話，那末，「生」和「滅」也就沒有了！「生」「滅」如果沒有，那佛說的「苦諦」當然也是沒有。沒有「苦」的「果」，那裏有「苦」的「因」？「苦果」「苦因」既然都沒有，當然無所謂「滅」，沒有「滅諦」，也用不着有「道」。設若照你說：一切法都是「空無自性」，那裏還有甚麼「四聖諦」呢？四聖諦的法尚且沒有，還說甚麼「四沙門」的「聖果」呢？沒有聖果，那一切賢、聖也都沒有了，這樣一來，佛、法、僧沒有，世間法也沒有，這成個甚麼話，所以你們主張一切法都是「空」是不對的。

答曰：有二諦：一、世諦，二、第一義諦。因世諦，得說第一義諦，若不因世諦，則不得說第一義諦；若不得第一義諦，則不得涅槃。若人不知二諦，則不知自利、他利、共利。如是若知世諦，則知第一義諦；知第一義諦，則知世諦。汝今聞說世諦，謂是第一義諦，是故墮在失處。諸佛因緣法，名爲甚深第一義，是因緣法無自性故，我說是空。

講　外道邪見雖多，然而不出「斷」「常」二見，不是說「有」，即是說「空」，佛法是即「有」明「空」故非「常」，即「空」明「有」故非「斷」，所以「二諦」才是「中道」。「世諦」、即世俗人共同知道的；「第一義諦」、是佛菩薩才知道的。怎樣叫做即「世諦」而明「第一義諦」呢？就是說：宇宙萬有，所見的事物，雖是「有」，而是「幻有」、「假有」；不是「實有」、「真有」；因爲一切「有爲法」，都是「因緣所成」，既是「因緣」，所以「性空」；法法「緣生」，法法「性空」，「緣生」、是「世俗諦」，「性空」、是「第一義諦」，「緣生」不礙「性空」，而「性空」不礙「緣生」；所謂：「二諦」融通，非「空」非「有」，即是「中道妙諦」；雖萬行齊修，而悟達一法不可得，此與凡夫「執著實有」不同；雖一法不可得，而不妨萬行齊修，此與外道「斷滅邪見」不同，除此兩端，方稱正法。此一段文，研究者可再三細讀，方能得大受用。

若諸法不從衆緣生，則應各有定性五陰，不應有生滅相五陰，不生不滅，卽無無常；若無無常，則無苦聖諦。若無苦聖諦，則無因緣法集聖諦。諸法若有定性，則無苦滅聖諦，何以故？性無變異故。若無苦滅聖諦，則無至苦滅道。是故若人不受空，則無四聖諦。若無四聖諦，則無得四聖諦；若無得四聖諦，則無知苦，斷集，證滅，修道，是事無故，則無四沙門果；無四沙門果故，則無得向者；若無得向者，則無佛；破因緣法故，則無法；以無果故，則無僧；若無佛、法、僧，則無三寶。若無三寶，則壞世俗法，此則不然，是故一切法空。

講 這一段是大乘家申說之理：就是說：假定一切法，不是從「衆緣生」的話，那就應當每一法各各有一定不可改變決定的「體性」；一切法設若有決定「體性」的話，那就沒有「苦諦」；「苦諦」，爲甚麼又要稱它是「聖諦」呢？因爲是聖人所親證，也就是聖人所說，所以四種都叫做「聖諦」。如果沒有苦諦的「果」，當然也沒有感苦果的「因」——「集諦」。苦「果」和苦「因」都沒有，那也就沒有「滅諦」。一切法設若是決定有「性」，是不可改移的話，那也就用不着滅苦集之「道」了！

所以，如果不接受「空」的道理，那就沒有苦、集、滅、道四聖諦，四諦法既然沒有，那還說甚麼「得」？無「得」、也就無「果」；無「果」、也就無「佛」；無「佛」、亦無「法」；無「法」、亦無「僧」；佛、法、僧「三寶」都沒有了，那「世俗諦」就破壞了！有沒有這種道理呢？所以要相信一切法是「空」。

復次：若諸法有定性，則無生、無滅、無罪、無福，無罪福果報，世間常是一相，是故知諸法無性。若謂諸法無自性，從他性有者，是亦不然，何以故？若無自性，云何從他性有？因自性，有他性故。又他性，卽亦是自性，何以故？他性即是他自性故。若自性不成，他性亦不成；若自性、他性不成，離自性、他性，何處更有法？若有不成，無亦不成。是故今推求無自性、無他性，無有、無無故，一切有爲法空。有爲法空故，無爲法亦空；有爲、無爲尚空，何況我耶？

講 我們再來說說：設若一切法有一定不可改移「體性」的話，那當然也就沒有甚麼生滅罪福果報，這樣一來，世間豈不是變了「恆常和一相」嗎？恐怕沒有這種道理吧？所以，應當知道一切法是沒有「固定的體性」啊！

設若又轉過來說：一切法、「自性」雖然是沒有，然而有「他性」，對不對呢？也是不對！怎樣知道不對呢？因爲自、他是相對的，「自性」既然沒有了，就沒有相對的，所以不能立「他性」。還有一層道理：在我這邊說是「他」，如果在他那邊還是說「自」，這個道理很容易知道，所以，「自性」沒有，「他性」也是沒有。

設若「自性」、「他性」都沒有，離開了這兩種之外，那裏還有第三件東西呢？所以，「有」和「無」都不能成立。因此，「自性」和「他性」，「有」和「無」，都是「空」；有爲法既然是「空」，那無爲法，以及我相、法相，更不必談了。

觀因果門第九

復次：一切法空。何以故？諸法自無性，亦不從餘處來。如說：」

果於衆緣中，畢竟不可得，亦不餘處來，云何而有果？

衆緣若一一中，若和合中，俱無果，如先說。又是果不從餘處來，若餘處來者，則不從因緣生，亦無衆緣和合功。若果衆緣中無，亦不從餘處來者，是即爲空。果空故，一切有爲法空；有爲法空故，無爲法亦空；有爲、無爲尚空，何況我耶？

講　這一門是觀察「因」「果」，最後都是不可得，所以先立宗，次申理。本論的宗旨，就是「一切法空」。然而理、是有多方面的，此門所說的理，就是諸法自己沒有「實體」，無「實體」、就是無「自性」；不從「餘處」來，就是無「他性」。所以說：「果」在「衆緣」中，究竟是不可得的；也不是從別處來的，所以結論：云何而有「果」呢？每一法的自身，叫做「果」；對另外一法，能夠幫助他，叫做「緣」。連自身尚且不可得，還說甚麽幫助別人呢？所以說：「衆緣」中，設若一樣一樣拆散了固然是沒有「果」，就是把許多和合起來，也是沒有「果」；在前面已經說過了。同時，還要知道這「果」也不是從「餘處」來的，設若是從「餘處」來的話，那就不是從「因緣所生」，也就沒有「衆緣和合」的「功」能；設若這「果法」，「衆緣」中沒有，「餘處」也沒有，這明明是「空」。「果法」如果是「空」，那末，一切「有爲法」當然是「空」；有爲法既「空」，無爲法也是「空」，因爲沒有對待了；有爲法和無爲法都「空」了，還可以說有「我」嗎？

觀作者門第十

復次：一切法空。何以故？自作、他作、共作、無因作，不可得故。如說：

自作及他作，共作無因作，如是不可得，是則無有苦。

苦自作不然，何以故？若自作即自作其體，不得以是事即作是事，如識不能自識，指不能自觸，是故不得言自作。

講 這一門重要的就是研究有沒有創造宇宙人生的一個「能作」的「人」。如果是「有」的話，試問：是自己「作」自己呢？還是他人來「作」自己呢？或是自他來共「作」呢？還是無因無緣忽然間「作」出來的呢？下面雖然開出了四法，其實只要一個「自作」不成，其他三種「作」就可以例知了。

現在先來研究「自作」不成；怎樣知道「自作」不成呢？設若是「自作」的話，就有三種過患：一、若已經有了「自體」，那又何用更「作」呢？二、若「自體」尚未有，怎樣能夠「作」呢？三、縱然有「自體」，則其所「作」者應非自己，甚麼原因呢？好像眼識不能識自己的眼識，手指不能觸自己的手指，所以無論怎樣不可以說自己「能作」自己。

他作亦不然，他何能作苦？問曰：衆緣名爲他，衆緣作苦故，名爲他作，云何言不從他作？答曰：若衆緣名爲他者，苦則是衆緣作；是苦從衆緣生，則是衆緣性，若即是衆緣性，云何名爲他？如泥瓶，泥不名爲他；又如金釧，金不名爲他；苦亦如是，從衆緣生故，衆緣不得名爲他。復次：是衆緣，亦不自性有故不得自在，是故不得言從衆緣生果。如中論中說：「果從衆緣生，是緣不自在；若緣不自在，云何緣生果？」

【講】前面說的「自作」既然不能成立，那末，「他」也不能作「苦」！問：衆緣所生法，這「衆緣」豈不是「他」嗎？「衆緣」作「苦」，所以叫做「他作」，爲甚麼不是「他作」呢？答：設若「衆緣」叫做「他」的話，那末，「苦」是「衆緣」作，因爲「苦」是「衆緣」生，那「苦」的本體就是「衆緣」；「苦」的本體如果就是「衆緣」，那怎樣可以把「衆緣」當做另外一個東西呢？好像泥瓶一樣，瓶的本身就是泥，你怎樣可以把泥當做「他」呢？又好像金戒指一樣，怎樣可以把金當做外面的「他」呢？所以「苦」也是這樣，「苦」既然是「衆緣」所生，不能說「衆緣」是「苦外」別的東西啊。明白上面舉出來兩個譬喻，那「苦」和「衆緣」也是不能分家，同是一樣的道理。

再來說說：就是「衆緣」的本身，也是沒有「自性」，不得「自在」，所以不可以說從「衆緣」可以生「果」。好像中論上說過的：你們一定要說：「果」是從「衆緣」所生，其實「衆緣」本身上就是「不自在」！設若「衆緣」本身既然「不自在」，那怎樣可以說：從「衆緣」而生「果」呢？

如是，苦不從他作、自作，共作亦不然，有二過故。若說自作苦、他作苦，則有自作、他作過，是故共作苦亦不然。若苦無因生，亦不然，有無量過故。如經中說：裸形迦葉問佛：苦自作耶？佛默然不答。世尊！若苦不自作者，是他作耶？佛亦不答。世尊！若爾者，苦自作他作耶？佛亦不答。世尊！若爾者，苦無因無緣作耶？佛亦不答。如是四問，佛皆不答者，當知苦則是空。

講 如是上面所說的「苦」，既然不是「自作」，又不是「他作」，自、他既無「本體」，怎樣可以說是「苦作」？所以有過！那末，無因無緣好不好呢？既然可以「無因」而有，那黃沙可以成飯，壓土可以出油，因爲你說「無因」可以有「苦」，所以過患更多！好像在阿含經中有這樣一個故事：有一天有一個外道叫做裸形迦葉的問佛上面四件事，世尊都不睬他，這是甚麼用意？在佛的本意，「苦性」本來是「空」，還說甚麼地方來的呢？

問曰：佛說是經，不說苦是空，隨可度衆生，故作是說；是裸形迦葉謂人是苦因，有我者說：好醜皆神所作，神常清淨無有苦惱，所知所解悉皆是神，神作好醜苦樂，還受種種身；是以邪見故問佛，苦自作耶？是故佛不答，苦實非是我作。若我是苦因，因我生苦，我即無常。何以故？若法是因，及從因生法皆亦無常，若我無常，則罪福果報皆悉斷滅，修梵行福報是亦應空。若我是苦因，則無解脫。何以故？我若作苦，離苦無我能作苦者，以無身故。若無身而能

作苦者，得解脫者亦應是苦，如是則無解脫。而實有解脫，是故苦自作不然。他作苦亦不然，離苦何有人而作苦與他？

講　問的人是小乘，同在一個意義上，有兩種說法：小乘說，佛所以不答，因為他是挾邪見來問。大乘則曰：是「空」。所以小乘人說：佛說是經，不是說「苦」是「空」，是因為隨可度的衆生，故作是說。下面就是小乘人的理由：因爲是裸形迦葉，他說「人是苦因」，是一班主張有神我的人說：無論是「好」是「醜」，都是「靈魂」所作，這有靈魂的神我是「清淨」，他是沒有「苦惱」的；所知所解通同都是神我，神我能作好、醜和苦、樂，所以「還受種種身」；因是邪見故來問佛，因爲「苦」實在不是「神我所作」，故佛不答。

甚麼意思呢？設若神我是「作苦」的「因」，因爲神我既然能「生苦」，那末，神我當然是「無常」；甚麼原因呢？設若這件東西，無論是作「能生」的「因」，或是從因「所生」的「果」，那都是「無常」，如果神我也是「無常」的話，那罪福果報，通同都斷滅了，這樣一來，修行的人，福報也就沒有了！還有，設若神我是「苦」的「因」，那也就不能「解脫」；甚麼原因呢？神我設若能夠「作苦」，那末，離開了「苦」，也就沒有一個能「作苦」的神我，因爲神我自己既然是「無身」，「無身」的東西，怎樣能「作苦」呢？設若「無身」眞能「作苦」，那末，得「解脫」者也應當是「苦」，那也就沒有得「解脫」的人，然而實在是有得「解脫」的人，所以若說苦是「自作」當然是不對。

「自作苦」既然不對，「他作苦」也是不對，因爲離開了「自」，那里有一個甚麼人來作苦給「他」呢？

復次：若他作苦者，則爲是自在天作，如此邪見問，故佛亦不答。而實不從自在天作。何以故？性相違故。如牛子還是牛；若萬物從自在天生，皆應似自在天，是其子故。復次：若自在天作衆生者，不應以苦與子，是故不應言自在天作苦。

講 再說：設若說「苦」是「他」所作的，那就是「自在天」所作了，這樣的邪見來問佛，所以佛不答。而實實在在不是從「自在天」所作，甚麽原因呢？因爲「自在天」的相，和「衆生」的相，形狀是不同啊！好像牛子還是牛的相，若萬物一定是從「自在天」所生的話，那應當和「自在天」相貌無大分別，因爲「衆生」是「自在天」的兒子啊！

還有，設若一定是「自在天」作的話，那就不應當給苦加在兒子身上，因此，不應當說「苦」是「自在天」所作。

問曰：衆生從自在天生，苦樂亦從自在所生，以不識樂因，故與其苦。答曰：

若衆生是自在天子者，唯應以樂遮苦，不應與苦。亦應但供養自在天，則滅苦得樂，而實不爾，但自行苦樂因緣，而自受報，非自在天作。

講 問：衆生從「自在天」生，所以「苦」和「樂」也就是「自在天」所生，但是因爲衆生不知道「樂因」，所以自在天給「苦」與衆生。答：眞是豈有此理！設若衆生是自在天的兒子，那做父親的人，但應當代兒子除「苦」賜「樂」，不應當給「苦」與衆生。同時，也就應當供養「自在天」，就可以滅「苦」得「樂」，然而在事實上又不是這樣，完全是由「自己」作「惡」受「苦報」，作「善」受「樂報」，與「自在天」有甚麼關係？

復次：彼若自在者，不應有所須，有所須自作，不名自在；若無所須，何用變化作萬物，如小兒戲？復次：若自在作衆生者，誰復作是自在？若自在自作，則不然，如物不能自作。若更有作者，則不名自在。

講 再來說說：如果眞是「自在」，那就不應當要受用的「物」；如果要「物」受用，那就不叫做「自在」了；設若自在天不要「物」受用，那又何必變化這「宇宙萬有」做甚麼，豈不是和小孩遊戲一樣？

還有，你說：衆生是由「自在天」所「生」，那末，「自在天」又由那一個所「生」呢？你不能說是由自己所「生」，因爲世間上決定沒有自己「生」自己的道理，假定你又說，「自在天」另外還有一個人來「生」他，那也不能稱做「自在」了。

復次：若自在是作者，則於作中無有障礙，念即能作。如自在經說：自在欲作萬物，行諸苦行，即生諸腹行蟲；復行苦行，生諸飛鳥；復行苦行，生諸人天。若行苦行，初生毒蟲，次生飛鳥，後生人天，當知衆生從業因緣生，不從苦行有。復次：若自在作萬物者，爲住何處而作萬物？是住處，爲是自在作？爲是他作？若自在作者，爲住何處作？若住餘處作，餘處復誰作？如是則無窮。若他作者，則有二自在，是事不然；是故世間萬物，非自在所作。

講 還有一個道理：設若「自在天」眞能夠「作」的話，那在「作」的時候，就不會有所障礙，心裏面一動念，就可以作成功。但是在他們自己經上說的：自在天欲「作萬物」的時候，要先行種種苦行，才生出許多毒蟲和飛鳥以及人天。因此，我們就可以知道：一切衆生的「苦」「樂」，都是由各人自己「善」「惡」的「業力」所「生」，決定不是由甚麼「自在天」修苦行所「生」的。

再來說說：設若「自在天」眞能夠「作萬物」的話，那我倒要來請問一下：你住在甚麼地方「作」的呢？這個住處是你自己「作」的呢？還是另外一個人「作」的呢？設若說：是你自己「作」的，那你又住在甚麼地方「作」呢？設若你又說在別處「作」，那麼，別處又是甚麼人「作」的呢？這樣，如果一直的推上去，那就要犯無窮無盡的過患啊！設若是別人「作」的話，那就有兩個「作」者的「自在天」，你贊成嗎？所以世間的萬物，決定不是「自在天」所「作」。

復次：若自在作者，何故苦行供養於他，欲令歡喜從求所願？若苦行求他，當知不自在。復次：若自在作萬物，初作便定，不應有變，馬則常馬，人則常人，而今隨業有變，當知非自在所作。復次：若自在所作者，即無罪福、善惡、好醜，皆從自在作故，而實有罪福；是故非自在所作。

講　還有：設若萬物是「自在天」所「作」的話，爲甚麼還要行種種苦行來供養「自在天」令他歡喜，來從他求願，如果要修苦行求他的話，那就「不自在」了！

還有一層道理：設若萬物眞是「自在天」所「作」的話，那一「作」就定了，再不要有變動，那末，馬，永遠就是馬，人，永遠就是人，而事實上不是這樣，是隨各人自己所造的善、惡所「變移」，因此，就可以知道：不是「自在天」所「作」，也就「不自在」了。

還有：設若眞是「自在天」所「作」的話，那也就沒有甚麼「罪」和「福」，「善」同「惡」，「好」與「醜」；因爲你說的：一切的一切，都是「自在天」所「作」；然而，事實上是有「罪」、

「福」，「善」、「惡」，「好」、「醜」，可見不是由「自在天」所「作」。

復次：若衆生從自在生者，皆應敬愛，如子愛父，而實不爾，有憎、有愛；是故當知非自在所作。復次：若自在作者，何故不盡作樂人，盡作苦人，而有苦者，樂者？當知從憎、愛生，故不自在；不自在故，非自在所作。復次：若自在作者，衆生皆不應有所作；而衆生方便各有所作；是故當知非自在所作。復次：若自在作者，善惡苦樂事不作而自來，如是壞世間法。持戒修梵行，皆無所益，而實不爾；是故當知非自在所作。

講 文分四段：一、衆生不應不敬自在天，二、自在天不應不愛衆生，三、衆生用不着各各自作，四、善惡苦樂都是可以不作而來，那把因果法就破壞了！

一、設若是由「自在天」生的話，那衆生就應當恭敬愛念「自在天」才對，好像兒子敬愛父母一樣；而事實上不是這樣，有一部分「衆生」不敬「自在天」的，所以知道「衆生」不是「自在天」所「作」。

二、衆生如果眞是「自在天」作的話，爲甚麼不通同作「快樂」的人？而事實上有許多「苦」人，可見「自在天」的心有不平等，有「瞋」心作「苦」人，有「愛」心作「樂」人，既然有「苦」有

「樂」，可見「衆生」不是「自在天」所「作」。

三、如果一切物都是「自在天」已經通同「作好」了的話，那衆生的生活：衣、食、住、行的用物，不要自己「再作」；而事實上還是要衆生各各自己操心勞力去「作」，可見不是由「自在天」一人包辦。

四、如果一切的一切，眞眞是由「自在天」一人「作」的話，那我們衆生，不作「善事」而「快樂」會來，不作「惡事」而「苦」會加害到我們身上，那世間上一切「道德」、「倫理」、「法律」、「善惡」種種行爲都沒有用了，就是「持戒修行」的好人，也就沒有好處；假定眞是這樣，那一切的道德行爲通同被破壞了，那還成了一個甚麼樣子的世界？而在事實上又不是這樣，可見一切善、惡都是由「衆生」自己所「作」，決定不是由甚麼「自在天」所「作」。

復次：若福業因緣故於衆生中大，餘衆生行福業者亦復應大，何以貴自在？若無因緣而自在者，一切衆生亦應自在；而實不爾，當知非自在所作。若自在從他而得，則他復從他，如是則無窮，無窮則無因；如是等種種因緣，當知萬物非自在生，亦無有自在。如是邪見問他作故，佛亦不答。共作亦不然，有二過故。衆因緣和合生故，不從無因生，佛亦不答。是故此經但破四種邪見，不說苦爲空。答曰：佛雖如是說，從衆因緣生苦，破四種邪見，即是說空。說苦從衆因緣生，即是說空義，何以故？若從衆因緣生，則無自性；無自性，卽是空。如苦空。當知有爲、無爲、及衆生，一切皆空。

講　我們再來討論：設若是因爲「自在天」有「福業因緣」的原故，所以他在「衆生」中是最「大」，如果眞是照這種說法，假定其餘的「衆生」，「福業因緣」超過了他的話，豈不是「衆生」更「大」過於「自在天」嗎？這「自在天」還有甚麽特別的尊貴呢？

如果沒有「因緣」而「自在」的話，那末，一切衆生也可以沒有「因緣」而得「自在」；而在事實上確不是這樣，所以知道一切的一切不是「自在天」所「作」。如果「自在天」也是由別人所「作」，那別人又有別人，豈不是要犯「無窮」之過嗎？「無窮」到了最後，還是「無因」。

像上面所說的這許多道理，就可以知道萬物不是「自在天」所生；根本上他自身就沒有「自在」，因爲外道心裏面藏了這種種邪見，所以佛不睬他，也可以暗示他所問的不對。

外道因論主說「自作苦」和「他作苦」都不對，心裏還覺得自、他、共作恐怕是對吧！所以論主說：「共作苦」也是不對。因爲既然沒有自、他，好像龜毛和兔角，兩個東西合起來可以生個兒子，當然是不可以。

或者又說：既不是「自作」、「他作」、「共作」，那大約是「無因而有」吧？所以論主又說：既是衆多之「因緣」和合而有，當然不可說是「無因」，所以佛也不答他。因這種原故，所以在佛經上面，但破「自作」、「他作」、「共作」、「無因作」四種邪見，不說「苦」是「空」。

上面既然破了外人，自己的主張不能不說出來！所以論主答：佛雖然這樣說：從許多「因緣」和合生「苦」，破外道四種邪見，就是說「空」。「苦」既然是從「衆緣」所「生」，那當然就是說「空」，甚麼原故呢？因爲一切法既是「衆緣」所「生」，那一定是沒有「自性」，「無自性」是甚麼？當然就是「空」。「苦」、我們既然知道了是「空」，那有爲法，以及無爲法，乃至衆生一切法，都是「空」。

觀三時門第十一

復次：一切法空。何以故？因與有因法，前時、後時、一時生、不可得故。如說：

若法先後共，是皆不成者，是法從因生，云何當有成？

先因後有因，是事不然。何以故？若先因後從因生者，先因時則無有因，與誰爲因？若先有因後因者，無因時有因已成，何用因爲？若因有因一時，是亦無因，如牛角一時生，左右不相因。如是因非是果因，果非是因果，一時生故；

是故三時因果皆不可得。

講 這一段裏面有一個名詞很特別，就是「有因」這兩個字，「有因」是甚麼意思？「有因」就是「果」。「果」就是「果」，爲甚麼要說他是「有因」呢？因爲對前面的「因」來說，他固然叫做「果」，如果對後面「果法」來說，他又叫做「因」了。所以看見「有因」二字，直呼他是「果」，豈不是更容易知道嗎？

這一段是觀察「時」不可得。現在再來說說：一切法本來是「空」，怎樣知道他是「空」呢？就是研究這「因」同「果」兩個東西，無論是「因」在「果」前，或「因」在「果」後，或「因」「果」同時，都是「生相」不可得，怎樣知道不可得？先說一首頌，然後來解釋。

好像說：先有「因」而後有「果」，覺得對吧？其實不然！怎樣知道不對呢？因爲，「因」和「果」是對待得名的，例如有兒子才有母親的頭銜，假定沒有兒子，當然不能叫做母親；明白了這個道理，就可以知道：有「果」才可以叫做「因」，現在既然沒有「果」，「因」的名字當然是沒有，所以說：先有「因」而後有「果」，是不對的，試問：這「因」是誰家的「因」呢？

設若你又說：先有「果」而後有「因」，對不對呢？那更是滑稽！我沒有聽過人家說：先有兒子，而後才有母親啊！那末，母親和兒子同時有好不好呢？那你自己去想想，看看對不對？好像牛左右兩個角，牠們有甚麼互相的關係呢？這樣說起來：「因」也不是「果家」的「因」，而「果」也不是由「因家」來的「果」，因爲你說因、果是一時有啊！最後看起來：「因」在「果」前，「因」在「果」後，「因」「果」同時，都是不合乎正理。

問曰：汝破因果法，三時中亦不成！若先有「破」後有「可破」，則未有「可破」，是「破」破誰？若先有「可破」而後有「破」，「可破」已成，何用破爲？若「破」、可破一時，是亦無因，如牛角一時生，左右不相因故。如是破不因可破，可破不因破。答曰：汝破可破中，亦有是過。若諸法空，則無破無可破，我今說空，則成我所說。若我說破可破定有者，應作是難。我不說破可破定有故，不應作是難。

講 先假設外人來問：你們大乘破因果法三時中都是不可得，這道理也是不能成立！甚麼原因呢？如果你們大乘先有一個「破」，而後才有一個「可破」的東西，那末，假定「可破」的東西如果沒有的話，試問：你們大乘用「破」來「破」甚麼人呢？這是說：先有「破」是不對的。

假定反過來說：先有「可破」，而後有「破」，對不對呢？也是不對！因爲「可破」東西已經成功了，那又何必再用「破」做甚麼？

設若你又說：「破」和「可破」「一時有好不好呢？也是不對！因爲如果是「一時」，那彼此就沒有關係！好像牛兩角，左和右是沒有因果的關係！因爲左角不是因右角生，右角也不是因左角生，因爲你說是同時而有啦！這樣一來，可知道：「破」、是不因「可破」而有，「可破」、也不是因「破」而有，可說是「破」和「可破」兩個東西，是完全沒有關係！

論主對他笑了一笑，向來我都是用這種方法來難你，現在你又拿我用的來難我，眞是一個大笑話！要知道：藥是因病而施設的，如果沒有病，當然也用不着藥！因爲你們小乘人有「執」，所以我們才用「空」來破，如果你們「執」的病好了的話，當然我們的「空」藥也用不着了，說甚麼「破」和「可破」是先、後或一時有呢？這豈不是廢話嗎？設若我說一定有「破」和「可破」，你可以這樣問難我，然而我沒有說有一定的「破」和「可破」，所以你這問難是沒有用的。

問曰：眼見先時因，如陶師作瓶。亦有後時因，如因弟子有師，如敎化弟子已，後時識知是弟子。亦有一時因，如燈與明。若說前時因、後時因、一時因不可得，是事不然。答曰：如陶師作瓶，是喻不然。何以故？若未有瓶，陶師與誰作因？如陶師，一切前因皆不可得。後時因亦如是不可得；若未有弟子，誰爲是師？是故後時因亦不可得。若說一時因如燈明，是亦同疑因，燈明一時生，云何相因？如是因緣空故，當知一切有爲法、無爲法、衆生皆空。

講 外人用三個譬喻來成立他「因先果後」「果先因後」「因果同時」的主張，都給論主破得一乾二淨！怎樣知道呢？例如你說：

「因先果後」用陶師和瓶來作譬喻：在你的意思以爲是陶師在先是「因」，瓶在後是「果」，可見先有陶師後有瓶，豈不是先「因」後「果」嗎？殊不知因果是對待得名的，若沒有「果」，就不可說他是「因」，好像沒有兒子，怎樣可以說他是母親呢？所以沒有瓶的「果」，照樣不能說陶師是「因」，所以先「因」後「果」的主張，是不能成立。

「先果後因」的主張，也是不對！就好像你們自己舉的例：說師父的「果」在先，弟子的「因」在後，意思就是說：師父在先，弟子在後，豈不是先「果」後「因」嗎？其實這種道理，是和前面一樣不能成立！怎樣知道呢？因爲要有弟子，才可以安立師父的名字，現在弟子還沒有，怎樣可以自己先安立一個師父的名字呢？豈不是一個大笑話嗎？所以你們說：先「果」後「因」，那更是不對。「因果同時」你用燈和明來做譬喻，證明你的「因」「果」一時有，殊不知燈和明不是兩個東西，試問：那一個是「因」？那一個是「果」？「因」「果」尚且分不清，還說甚麼一時不一時，所以你們外人立的三時，都是不能成立的，明白了「三時皆空」的道理，所以無論是有爲法，或無爲法，以及一切衆生，都是「空」。

觀生門第十二

復次：一切法空。何以故？生、不生、生時不可得故，今生已不生，不生亦不生，生時亦不生。如說：

生果則不生，不生亦不生，離是生不生，生時亦不生。

生名果起出，未生名未起未出，未有生時名始起未成。是中生果不生者，是生已不生。何以故？有無窮過故，作已更作故。若生生已生第二生，第二生生已生第三生，第三生生已生第四生；如初生生已有第二生，如是生則無窮，是事不然，是故生不生。

講　這一門就是觀察「生」，究竟是生已「生」，還是未生「生」，或者是生時「生」，結果，「生法」都是不可得，所謂「無生」；「無生」、就是「空」。現在先來討論生已「生」不對的理由，好像豆子既然榨出了油，再不能出油，甘蔗榨出了水，再不能出水，如果出了再出，那就會犯無窮無盡的過患。所以說：生果不生者，就是「生」了之後不能「再生」，如果「再生」的話，那就好像作已再作，即是「無窮」。所以「生已」不可「再生」。

復次：若謂生生已生，所用生生，是生不生而生，是事不然，何以故？初生不生而生，是則二種生：生已而生，不生而生故。汝先定說，而今不定。如作已不應作，燒已不應燒，證已不應證，如是生已不應更生；是故生法不生，不生法亦不生，何以故？不與生合故。又一切不生有生過故，若不生法生，則離生有生，是則不生。若離生有生，則離作有作，離去有去，離食有食，如是則壞世俗法，是事不然；是故不生法不生。復次：若不生法生，一切不生法皆應生；一切凡夫，未生阿耨多羅三藐三菩提皆應生，不壞法阿羅漢煩惱不生而生，兔馬等角不生而生，是事不然；是故不應說不生而生。

講 我們再來說說：設若說「生過」了之後「再生」的話，那末，你所用的「生生」方法，還是「不生」那個方法，那怎樣對呢？因為你從前那個「不生」的東西，現在忽然間又「生起」來了，那變了有兩種「生」：一種是「生了」再「生」，一種是「不生」會「生」，這樣一來，你從前說的話好像是「定」，現在又「不定」了！在道理說起來：應當作過了是用不着再作，燒完了怎樣可以再燒，證過了果位的人，那里可以再有證的道理呢？明白了這個原因：所以「生過」了之後是不能「再生」。「不生法」那更是不能「生」，甚麽道理呢？因為一個是「不生」，一個是「生」，兩個東西好像冰和炭一樣，怎樣合得起來呢？還有一個道理：如果「不生」的東西，還是照常可以「生」的話，那一定是有過患的！好像兔可以生角，龜可以生毛，石女可以生兒一樣的過患，所以「不生法」是一定「不生」的。

如果離開了「生法」還是有「生」，那末，離開了「作」還是有「作」，離開了「去」還是有「去」，離開了「食」還是有「食」，如果眞是這樣，那把世俗法通同破壞了，怎樣可以呢？所以「不生法」是決定「不生」的。

還有，如果「不生法」眞是可以「生」的話，那末，一切「不生法」，豈不是通同可以「生」嗎？這樣一來，那還得了，一切凡夫本來沒有成佛，也可以叫做佛；一切阿羅漢本來已經斷除了煩惱，豈不是照常可以生起煩惱嗎？本來是兔沒有角，也可以生角，試問：有沒有這種道理呢？當然是沒有；所以無論怎樣，也不應當說，「不生法」是可以「生」的。

問曰：不生而生者，如有因緣和合、時、方、作者、方便具足，是則不生而生，非一切不生而生，是故不應以一切不生而生爲難。答曰：若法生時，方、作者、方便、衆緣和合生，是中先定有不生，先無亦不生；又有無亦不生，是三種求生不可得，如先說。是故不生法不生。

講 這里破外人轉救，外人的意思就是說：我所說的「不生」的東西也可以「生」的話，並不是通同可以「生」，要有種種「因緣」和合，好像「時間」和「空間」，以及「創造者」，這許多條件具足才可以「生」，並不是一點因緣都沒有就可以「生」，因此，你們大乘不可以一切「不生」而「生」來作難。

論主答復他的意思是這樣：設若照你們說：要有「時」、「方」、「作者」，種種衆緣和合故有「生」的話，那末，和前面第二門觀有果無果門一樣的有過！就是「因」中先有「果」固然是「不能生」，「因」中先無「果」那是更「不能生」，至於「有」「無」是相違，除了這三種之外，再找一個「生相」是不可得，這在前面已經說過了，所以「不生法」是「不能生」。

生時亦不生，何以故？有生生過，不生而生過故。生時法生分不生，如先說。未生分亦不生，如前說。復次：若離生、有生時，則應生時生，而實離生、無生時，是故生時亦不生。復次：若人說生時生，則有二生：一、以生時爲生，二、以生時生。無有二法，云何言有二生？是故生時亦不生。復次：未有生、無生時，生於何處行？生若無行處，則無生時生，是故生時亦不生。

講 外人聽見論主說：「生已」固然不能「再生」，「未生」也是「不生」，所以他轉過來說：「生時」總可以「生」吧？殊不知「生時」是不能離開「生」和「未生」的兩間，如果離開了「生」，那里還有甚麼「生時」呢？前面既然說過：「生已」不能「再生」，「未生」更不能「生」，那末，「生時」，就不能離開「生」和「未生」各一分，所以更不能「生」。還有一個意思：假定離開了「生」，有「生時」，或者可以說是「生時生」，然而離開了「生」，實在沒有「生時」，怎樣可以說「生時生」呢？還有：你如果眞要說有「生時生」，那就有兩個「生」：一個叫做「生時」爲「生」，還有一個就是「生時生」，然而，過細研究起來，那里有兩個「生」呢？所以說「生時」有「生」是不對的。其實，未有「生」，當然就沒有「生時」，試問：「生」在何處現行？「生」、既然沒有處所現行，那就是「無生」！所以「生時」，實在是不可「生」。

如是生、不生，生時皆不成，生法不成故，無生、住、滅亦如是。生、住、滅不成故；則有爲法亦不成；有爲法不成故，無爲法亦不成；有爲、無爲法不成故，衆生亦不成。是故當知：一切法無生，畢竟空寂故。

講 照上面說起來，無論是「生」、「不生」、「生時」皆不成，「能生」的「因」法尙且不成，那「所生」的「果」法更不必談！「生」既然不可得，那「住」和「滅」，當然是一樣不可得！因爲有「生」，才可以說「住」「滅」，「生」都沒有，那里還有甚麼「住」「滅」呢？「生」「住」「滅」既然通同不可得，那一切「有爲法」、「無爲法」，以及「衆生」，當然是不可得了！把上面十二門論的道理明白了之後，我們所得到的印象，就知道一切法是「無生」，是畢竟「空寂」的。

編者對於「唯識」的經論，講說較詳，對於「般若」及「三論」也是非常的崇敬。我這種思想，是由兩方面來的：一是：我知道佛陀本人所證的境界，實在是無法可說，也就不能說；然而爲了要度衆生的原故，又不能不說，但是衆生的根性有種種不同，所以佛陀所說的法門，亦隨之有異；所謂：應以「眞如」得度者，即說華嚴、圓覺、楞嚴、法華、涅槃諸經而度之；應以「唯識」得度者，即說深密、楞伽、密嚴諸經而度之；應以「眞空」得度者，即說諸部般若而度之，所以我對於佛法，不批評諸經教義之深淺，只以佛陀說法利益衆生爲旨趣。二是：依據太虛大師「八宗」平等，「八宗」殊勝，「八宗」都有弘揚之必要遺訓，所以凡是聖教，我都喜歡接受，這是爲佛弟子的應有之態度！故除講「唯識」之外，而對於「三論」樂而淺顯說之，使一般衆生應以「三論」得度者，故隨喜結緣以作同種般若之資粮。

即說偈曰：

佛自證境界　一切不可說

凡有所說者　爲利衆生故

時在中華民國四十一年閏五月初七日於彌勒內院

國家圖書館出版品預行編目資料

十二門論宗致義記／（唐）法藏法師著述. -- 初版. --
新北市：華夏出版有限公司, 2022.11
面； 公分. --（Sunny 文庫；210）
ISBN 978-986-0799-77-4（平裝）
1.中觀部

222.12 110020231

Sunny 文庫 210
十二門論宗致義記

著 述 （唐）法藏法師
印 刷 百通科技股份有限公司
電話：02-86926066 傳真：02-86926016
出 版 華夏出版有限公司
220 新北市板橋區縣民大道 3 段 93 巷 30 弄 25 號 1 樓
電話：02-32343788 傳真：02-22234544
E-mail： pftwsdom@ms7.hinet.net
總 經 銷 貿騰發賣股份有限公司
新北市 235 中和區立德街 136 號 6 樓
電話：02-82275988 傳真：02-82275989
網址：www.namode.com
版 次 2022 年 11 月初版一刷
特 價 新台幣 520 元 (缺頁或破損的書，請寄回更換)

ISBN-13：978-986-0799-77-4

《十二門論宗致義記》由佛教出版社同意華夏出版有限公司出版繁體字版